BACHAN
NOBLE

ROY NOBLE

gyda

LYN EBENEZER

GOMER

Argraffiad cyntaf—2001

ISBN 1 85902 989 2

Mae Roy Noble wedi datgan ei hawl dan Ddeddf Hawlfraint,
Dyluniadau a Phatentau 1988 i gael ei gydnabod fel awdur y llyfr hwn.

Cyhoeddwyd dan gynllun comisiynu Cyngor Llyfrau Cymru.

Dymuna'r cyhoeddwyr gydnabod cymorth Cyngor Llyfrau Cymru.

Cyflwynedig i Richard, fy mab.

Argraffwyd yng Nghymru gan
Wasg Gomer, Llandysul, Ceredigion

BACHAN NOBLE

BRYNAMAN

Ym Mrynaman mae'r daith yn dechre i fi, yn gorfforol ac yn feddyliol. A'r tŷ rwy'n ei gofio fwya yw 22 Stryd y Capel, neu Chapel Street. Rhif 11eg o'dd e, ond am ryw reswm ro'dd swyddogion y Cyngor wedi penderfynu newid y rhif. Yr un tŷ o'dd e, ond rhif gwahanol am eu bod nhw am roi rhifau gwahanol ar y tai yr ochor draw i'r hewl.

Ro'dd e'n sefyll ar ddiwedd rhes o dai teras gyda thipyn o dir lle'r o'dd modd rhedeg lawr i'r hewl nesa. Rwy'n ei gofio fe yn y dyddie pan o'dd dim *bathroom* yno. Ro'dd y *bathroom* yn hongian acha hoelen tu fas i ddrws y bac. Ro'dd ein bath ni, bath enamel, yn hongian gyferbyn â bath Mrs Ceturah Price drws nesa. Roedden nhw rhyw deirllath oddi wrth y *semi-detached toilets.*

Lled croen un fricen o'dd rhwng ein toiled ni a'u toiled nhw. Ro'dd hynny'n golygu petai Rhys Price yn mynd i'w doiled e yn y bore a finne'n mynd i'n toiled ni yr un pryd ag e, yna fe fydde modd i ni ga'l sgwrs â'n gilydd. Ar yr hoelen yn y toiled ro'dd tudalennau o'r

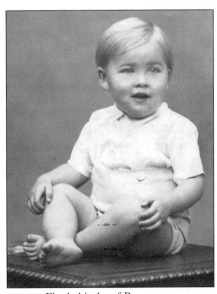

Fi – babi glanaf Brynaman.

5

Daily Herald yn hongian. Os oeddech chi'n posh, fe fyddech chi'n ei dorri fe'n sgwarie, wrth gwrs.

Fe fydde Nhad yn gweithio shifft nos yn rheolaidd, felly fe wnes i gysgu gyda Mam nes o'wn i'n ddeg oed. Pan fydde Nhad yn cyrraedd adre ro'dd gwely cynnes yn ei ddisgwyl e am wyth o'r gloch bob bore.

Bob tro fydde Nhad yn dod adre o'r *Steer Pit* neu'r *East Pit* fe fydde fe'n ishte yn y bath o fla'n tân ac yn amal iawn fe fydde Ceturah Price yn dod mewn i nôl menyn neu siwgwr neu rywbeth tebyg. O'dd dim ots 'da Dad. Odd e'n sleido lawr yn y dŵr rhyw damed bach, dyna i gyd.

Ond yr hyn wnes i sylwi arno yn ifanc iawn o'dd y gwahanieth rhwng dynion a menywod. Bob tro y bydde Ceturah Price yn ca'l bath o'dd drwse'n cael eu cloi a'r llenni'n cael eu cau a bron iawn y bydden ni'r plant yn ca'l ein hala i ryw stryd arall i whare. Ro'dd e'n ddigwyddiad mawr. O'dd, ro'dd dipyn o wahanieth rhwng dynion a menywod bryd hynny.

Priodas Mam a Nhad.

I'r tŷ yn 22 Stryd y Capel y gwnes i redeg adre pan glywes i bo' fi wedi paso yr *Eleven Plus*. Llawenydd mawr. Fe aeth wyth ohonon ni lawr i Ysgol Ramadeg Rhydaman. Rwy'n cofio hefyd dristwch rhai o'r bois. Eu rhieni wedi erfyn nhw i baso ond rheiny heb baso. Ro'dd e fel petai marwolaeth yn y teulu.

Fe fydde pwysau mawr ar blentyn i baso os o'dd y gallu ynddo fe. Wrth gwrs, os o'dd dim llawer o allu yna, os nad o'dd e'n saethu â chwe silindr, o'dd neb yn erfyn arno fe i baso i Ysgol Ramadeg. Fe fydde Mam yn dweud, 'Cofia, os basi di, gei di feic.' Fel'na o'dd hi.

Ond y pwysau mwya, os o'dd y gallu yn rhywun ond hwnnw neu honno ddim yn saethu â phob silindr, o'dd y ffaith y gallai rhywbeth ga'l ei wneud am y peth. Os o'dd yr arholiad fis Ebrill, fel o'dd hi'n arfer bod, yna ar noson dywyll ynghanol gaea tua mis Chwefror fe fydde rhywun yn mynd â'r plentyn at hen wraig yn Waun Cae Gurwen i roi triniaeth iddo fe. Y fusnes o'dd torri'r llech. Fe wnes i ddod i wybod yn ddiweddarach fod hyn yn digwydd mewn sawl pentre arall hefyd.

Yr hyn o'dd yn digwydd, mae'n debyg, o'dd fod y plentyn yn mynd mewn ati i'r stafell ffrynt lle'r o'dd ganddi lond basin o ddŵr twym, tywel a chyllell sharp. Wedyn fe fydde hi'n torri ychydig o gwt y glust i gael y gwaed i lifo. Unwaith o'dd y gwaed yn llifo ro'dd gallu'r plentyn yn cael ei ryddhau hefyd. Fe allai rhywun ddod yn Einstein dros nos.

Os fydde'r plentyn yn dwp uffernol, fe fydde hi'n torri'r ddau glust. O'dd neb yn siarad am y peth rhag ofn i'r heddlu ddod i wybod. Ond ro'dd y peth yn ddigon amlwg. Os ewch chi i ardaloedd o gwmpas Brynaman heddi fe ffeindiwch chi ambell foi sy'n ffaelu cadw'i sbectol mlân. Dyna'r boi sy wedi ca'l triniaeth y llech.

Pan o'wn i'n un ar ddeg oed fe fu'n rhaid i fi fynd lan gyda Mam a Dad i fyw gyda Mam-gu. Ro'dd dau o feibion gyda Mam-gu, brodyr Mam, y ddau yn ddi-briod. A fe a'th Mam-gu yn dost. Felly fe aethon ni i gyd i fyw yn yr un tŷ ar Hewl y Mynydd.

Mam a Nhad.

Ond cyn hynny, pan oedden ni'n byw yn Stryd y Capel, rwy'n cofio rhyw ddiwrnod tywyll pan o'wn i'n saith mlwydd o'd. O'wn i'n diodde o'r frech goch. Dyna lle'r o'dd Mam yn siglo'r mat drwy ffenest y llofft pan sylwodd hi'n sydyn iawn fod Defi John yn dod. Ro'dd Defi John yn ffrind i Dad-cu ac yn yfed gydag e ar nos Sadwrn. Ambell waith fe fydde fe'n galw 'nôl yn tŷ ni am bicls a chaws a bara menyn cyn mynd adre at ei wraig.

Ond pan fydde glöwr yn galw mewn tŷ neu stryd ddieithr rhwng shiffts fe allech chi fod yn siwr na fydde ganddo fe newyddion da. A rwy'n cofio hyn yn glir iawn. Fe dda'th Defi John i ddrws ffrynt y tŷ a fe agorodd Mam y drws. A fe ddwedodd e'n blwmp ac yn blaen, 'Ma' Lewis wedi ca'l ei ladd'. Mae'n debyg iddo fe dorri'r newydd ychydig yn fwy caredig pan aeth e lan i weld Mam-gu. Ond fe fuodd e braidd yn blaen pan dorrodd e'r newydd wrth Mam.

Ac felly, yn ddiweddarach pan aeth Mam-gu yn dost fe aethon ni lan i fyw i Hewl y Mynydd heb fod yn bell o'r grid gwartheg. A fues i'n hapus dros ben yno.

*   *   *

Lle arall y dylwn i gyfeirio ato ym Mrynaman, wrth gwrs, yw'r Clwb Rygbi. O'wn i ddim yn chwaraewr rygbi da. O'wn i ddim yn wael chwaith. Fe wnes i whare i dîm ieuenctid Brynaman. Ond drwy 'mywyd rwy wedi bod yn fachan yr ail dîm yn hytrach na'r tîm cynta.

Ond ambell i ddydd Sadwrn pan fydde priodas, falle, yn golygu fod y tîm cynta'n brin, neu hanner y tîm yn methu whare ar gyfer gêm oddi cartre, dyna le peryglus uffernol o'dd Brynaman. Pan o't ti'n mynd mas ar y stryd a'r bỳs o'dd wedi ei hurio gan y clwb yn teithio o gwmpas yn whilo am chwaraewyr fe allwn i fod yn ddiniwed iawn yn cerdded lawr yr hewl. Yna fe fydde'r *Bedford* yn tynnu lan wrth fy nghwt i. A glatsh! Fe gawn i fy herwgipio yn y fan a'r lle. A Mam ddim yn gwbod ble ddiawl o'wn i. Rwy'n cofio Mam unwaith ar fore dydd Sadwrn yn gofyn i fi fynd lawr i'r siop i brynu cabitshen ar gyfer cinio dydd Sul. Do, fe ges i fy nghipio gan y *Bedford* o'dd ar ei ffordd i Aberystwyth. Chafodd Mam ddim o'r gabitshen tan amser brecwast y bore wedyn!

Mae gen i achos da i gofio gemau yn Aberystwyth am sawl rheswm. Fe fydde tîm Brynaman yn mynd lan i whare yno unwaith y flwyddyn. Fe fydden ni'n galw hon yn *stay-away game.* Fydden ni ddim yn aros dros nos ond yn hytrach aros yn hwyr i ga'l diod neu ddau cyn i ni ga'l ein casglu a'n cludo adre tua deg o'r gloch.

Ond unwaith fe fuon ni mewn dawns. Ac yno fe gwrddon ni â chriw o ferched. Ac fe arweiniodd un peth at y llall ac am 10.30 ro'dd y bỳs yn crwydro'r dre yn whilo am bedwar ohonon ni. A bob tro fydda i'n clywed cân y Drifters, *Under the Boardwalk*, mae hi'n fy atgoffa i o fod o dan y pier yn Aberystwyth, a hynny am resyme fydd yn ca'l sylw, falle, mewn rhyw lyfr arall. Taw piau hi am y tro.

Ond yn aml iawn fe fydden ni'n brin o chwaraewyr. Fe alla i gofio amdana i'n whare ar un asgell a gyrrwr y bỳs yn whare ar

Ail dîm rygbi Ysgol Ramadeg Rhydaman. Mr O.J. Evans yw'r athro. Ar y chwith yn y rhes flaen mae Vernon Pugh (i'r Seconds roedd e'n chwarae!) a fi wrth ei ochr. Gareth Jones yw'r capten a Derec Llwyd Morgan sy yr ochr arall i'r Prifathro.

yr asgell arall. Fe fydden ni'n teithio i rai llefydd pell a ddim yn dod adre tan yn gynnar ar fore dydd Sul ambell waith. Do, fe wnes i whare i dîm cynta Brynaman am gwpwl o dymhore. Ond ran fynycha, yn yr ail dîm fyddwn i.

Eto i gyd mae ambell i ddigwyddiad arwrol wedi aros yn y cof. Wnes i ddim sgorio llawer o geisiau. Ond fe wnes i sgorio un yn erbyn Llansawel pan nad o'dd neb yn edrych. Ac mae ambell i hen ŵr yn cofio pàs wnes i ei dal yn Llangennech. Ro'wn i ar yr asgell a fe daflodd y canolwr bàs o'dd ddwylath o 'mlaen i. Fe wthiais i fy mraich allan a fe lynodd y bêl yn fy llaw i. Fe ges i gymaint o syndod fel i fi gico'r bêl ar draws y cae a sefyll yno mewn cyflwr o barlys.

Un peth diddorol am Glwb Brynaman yw fod George Borrow, yn ei gyfrol *Wild Wales*, yn disgrifio'i hunan yn dod lawr dros y Mynydd Du drwy'r niwl yn nhywyllwch y nos. Ac mae e'n galw yn y tafarn yma sy'n llawn o fois lleol o gwmpas y tân yn yfed cwrw. Pan dda'th e mewn, yn hytrach na sgwrsio ag e am y tywydd, o'n nhw i gyd am ga'l gwbod a o'dd e wedi clywed shwd o'dd y rhyfel yn mynd yn y Crimea. Oedden, ro'dd pobol Brynaman ar y blaen hyd yn oed bryd hynny.

Fe arhosodd e yno dros nos, mae'n debyg, cyn symud ymla'n. A ma' plac lan ar wal y Clwb Rygbi ym Mrynaman sy'n dweud fod George Borrow wedi cysgu yno. Y broblem yw fod rhyw hanesydd wedi bod yno yn ystod y ddwy flynedd ddiwetha yn dweud na, nid yno wna'th e gysgu. Clwb Brynaman yw yr hen *Farmers Arms* ond yn ôl yr hanesydd nid yno ond yn y *Brynaman Hotel*, a o'dd gwarter milltir oddi yno, y gwna'th e gysgu. Ond rwy'n cofio'r pwyllgor yn dweud, 'Hei, ta pwy yw'r hanesydd hyn, gad e fanna. Ti'n gweld y plac 'na ar y wal sy'n dweud fod George Borrow wedi cysgu yma? Wel, yma gysgodd e, reit?'

*   *   *

Rwy'n cofio pwll nofio Brynaman, lle'r o'dd y dŵr mor oer, ro'dd e'n ddigon i newid dy bersonolieth di. Fe fydde prifathro'r ysgol, Talbot Davies, ambell waith yn mynd â ni lawr i oifad yno. Un rhan o'r dysgu o'dd i ni i gyd sefyll mewn llinell tua phum llath o'r ochor. A fe fydde fe'n dweud wedyn, 'Neidiwch am yr ochor a chymerwch ddwy neu dair strocen fach'. Rwy'n cofio Michael, neu falle mai Jeffrey o'dd e, ddim cweit yn ei gwneud hi ac yn dod lan ac yn gweiddi, 'Ow! Ma'r holl fyd yn wyrdd, achan!' Diawch, o'dd hi'n oer yno.

D'yn nhw byth wedi dodi gwres yn y dŵr. Mae'r pwll nofio yno o hyd a'r ciwbicyls yn newydd. Ond ma'r dŵr yn dal yn oer.

Lle arall rwy'n ei gofio'n glir yw'r *Brynaman Public Hall*, lle ro'dd y sinema. Ro'dd hi y drws nesa i'r Aelwyd, a honno'n Aelwyd enwog iawn, wrth gwrs. Anaml iawn y byddwn i'n dilyn yr Urdd. Man a man i fi gyfadde, oedden i ddim yn gapelwyr mawr fel teulu chwaith. Ddim ond yn nes ymla'n ar ôl i fi gwrdd ag Elaine ddes i'n weddol deidi. Ro'dd ei thad hi yn ddiacon yn y capel yn Aberdâr, wedyn o'dd gyda fi ddim esgus.

Ond hyd yn oed yn Aberdâr o'wn i byth yn gapelwr mawr nac yn eisteddfodwr mawr chwaith. Ar ôl dweud hynny, fe ges i 'nghodi ynghanol teulu hapus dros ben; allwn i ddim achwyn am ddim a ddigwyddodd i fi. Rwy'n dal yn hynod ddiolchgar iddyn

Dosbarth Cymorth Cyntaf Brynaman. Fi yn y canol, ar y chwith.

nhw, i Mam, Dad a phawb arall hefyd. Fel un ga'dd ei godi yr ochor arall i'r trac rheilffordd, fe ges i fagwraeth dda.

Gyda llaw, ro'dd yna ddwy reilffordd ym Mrynaman, y *GWR* a'r *LMS*, hynny yw, y *Great Western Railway* a'r *London Midland Scottish*, un yn mynd lawr drwy Gwmllynfell i Abertawe a'r llall yn mynd lawr drwy Rydaman a Phant-y-ffynnon i Lanelli.

*   *   *

Ond 'nôl at y sinema. Dyna i chi ffenest ar y byd o'dd honno. Hon o'dd fy mhasbort i i'r byd mawr y tu allan. Fe fydde'r ffilms yn newid ar ôl nos Fercher. Fe fyddech chi'n ca'l ffilm ar nos Lun, nos Fawrth a nos Fercher ac yn ca'l ffilm wahanol ar nos Iau, nos Wener a nos Sadwrn. Fe fydde wastod ddwy ffilm – ffilm fach ac wedyn yr hysbysebion a'r newyddion, y *Movietone News*. Wedyn yr hufen iâ a'r lolipops. Dyna'r unig ddewis o'dd i'w ga'l bryd hynny. Wedyn fe fydde'r ffilm fawr yn dod.

Os na fyddwn i'n mynd i'r pictiwrs ym Mrynaman fe fyddwn i'n mynd weithiau i'r Garnant ond yn fwy aml fe fyddwn i'n mynd i'r *Palace* neu'r *Welfare* yn Rhydaman. Ond un o'r mannau mwya poblogaidd i fi o'dd *Hall* y Waun, sinema fawr Gwaun Cae Gurwen. Ac yn fan honno ddes i'n gyfarwydd â'r *monkey parade*. Fe fydden ni'r bechgyn yn cerdded ar un ochor i'r hewl a'r merched yn cerdded ar yr ochor arall, ni mewn gang ar un ochor, a nhw mewn gang ar yr ochor arall. Ac yno wnes i wisgo'r *trenchcoat* orau ges i erio'd. Un werdd o'dd hon. Nid y brown o'dd mor gyffredin. Ro'dd bycle drosti ac ro'dd hi safon yn uwch na'r *duffle coats* o'dd mor boblogaidd bryd hynny. Mae'n wir ei bod hi ychydig yn rhy fawr i fi pan ges i hi. Ond fe dyfais i mewn iddi. O'dd pawb yn siarad am y *trenchcoat* am flynyddoedd wedyn.

Ro'dd yna draphont, neu *viaduct*, ar y Waun. Oddi tani, ar ôl y pictiwrs, ro'dd e'n lle da i garu. A ro'dd yna wefr, a thipyn o fenter hefyd, mewn caru oddi cartre. Ond o'dd gofyn mynd

Mam a fi – yn y *trenchcoat* werdd enwog – yng Nghastell-nedd.

yno'n gynnar i ga'l lle. O'dd hi'n dueddol o fynd braidd yn llawn yno. Fe fuodd yna bobol enwog iawn yn caru o dan yr hen draphont pan o'n nhw'n ifanc. Yn eu plith nhw, yn bendant, fe fuodd pobol fel Gareth Edwards a Siân Phillips. Ddim gyda'i gilydd, cofiwch!

A bod yn fanwl gywir ro'dd yna ddwy draphont ar y Waun. Ond wnaeth neb adeiladu rheilffordd arnyn nhw. Pam, dw i ddim yn gwbod. Un o ddirgelion bywyd.

Un o'm hoff ffilmiau i erioed yw *Doctor Zhivago*. Rwy'n hoff o ffilmie David Lean beth bynnag, *Lawrence of Arabia*, *Ryan's Daughter* ac yn y blaen. Ac un lle sy'n agos iawn at fy nghalon i, a hynny am y rheswm ei fod e'n fy atgoffa i o *Doctor Zhivago* yw Gwesty Gliffaes ger Crughywel. Pan welais i'r lle am y tro cynta ro'dd eira ar y llawr. A dyna wnaeth wneud y lle yn debyg i olygfa o'r ffilm. Ro'dd gweld y lle yn union fel petai amser wedi ei rolio yn ôl gyda'r *Steppes* o Rwsia wedi eu cludo i Ddyffryn Wysg.

Rheswm arall i'r lle apelio ata i o'dd y tŵr sy'n rhan ohono fe. Pam? Rhywbeth i'w wneud â'r cyfenw 'Noble', falle. Yr awydd yn yr is-ymwybod i fod yn un o'r byddigions.

Un o'r ffilmie cynta weles i o'dd ffilm o'r enw *The Mudlark*, am ryw foi yn byw yn Llunden wrth ymyl afon Tafwys, wastod lan hyd ei glustie mewn mwd a llacs. Un arall o'dd *Treasure Island*. Fe aethon ni i gyd lan fel ysgol i weld *Treasure Island* yn ystod y dydd. Dyna i chi gyffro. A rwy'n cofio pan o'dd y morwr hwnnw yn rhedeg ar ôl Jim Hawkins, a Jim yn dianc lan y rigin, a'r boi ar ei ôl e a chyllell fawr yn ei geg. O'dd Berian Evans, sy'n byw yn Awstralia nawr, yn cwato dan y sêt. O'dd Berian, gyda llaw, yn un da ar y ffidil. Talentog. Wir, bron iawn yn afiach o dalentog.

Bachan arall o'dd yn afiach o dalentog gwrddes i ychydig flynyddo'dd ar ôl mynd i'r Ysgol Ramadeg o'dd Derec Llwyd Morgan. O'dd e yn yr un dosbarth â fi. Fe hales i lun ato fe yn ddiweddar, llun ohona i a fe a bachan o'r enw Denzil Jones, sy newydd ymddeol nawr fel deintydd. Yn y llun ma'r tri ohonon ni

Denzil, Derec a fi.

wedi gwisgo lan mewn *lederhosen* fel tri o'r *Hitler Youth* mewn dawns werin yng Nghlydach. Ro'dd yn rhaid i ni wenu o fla'n y beirniad, Miss Norman. Os oeddech chi'n gwenu o'i bla'n hi, ro'dd gobaith i chi ga'l rhyw bum marc ychwanegol.

Ro'dd gwisgo lan yn rhan o'r carnifal ym Mrynaman ac yn Rhydaman, wrth gwrs. Rwy'n cofio unwaith gwisgo lan fel y *Sheik of Araby* ar gefen ceffyl, y ceffyl wedi'i fenthyca oddi wrth Dai Parry. A Nhad wedi gwisgo fel clown. Fe gawson ni'r wobr gynta. Bryd arall fe wnes i wisgo fel rhyw dywysog o India. Fe gadwon ni'r dillad, a flynyddoedd wedyn fe wisgodd y mab yr union ddillad gan ennill, fel y gwnes i, y wobr gynta. O'dd e'n edrych yn dda. *Gravy Browning* i roi lliw ar y croen a'r wisg sidan o'dd Mam wedi'i gwneud.

*　　*　　*

Dillad y carnifal.

Fe wnes i fynychu Ysgol Uwchradd Rhydaman o 1954 hyd 1961. Ac yno y gwnes i ddechre caru. Ar ôl dod mas o'r pictiwrs, y sioe gynta, hynny yw, fe fydde hi'n rhy oer i fynd i garu lan yn yr Orsedd. Ro'dd cerrig yr Orsedd yn ofnadwy o oer acha mis Chwefror, mor oer fel y gallwn i ddal hemeroids! Ro'dd hi'n iawn am ychydig bach. Ond diawch, yn fuan iawn fe fydde cerrig yr Orsedd yn mynd yn annioddefol.

Ond ro'dd gyda ni ateb. Fe fydde'r merched, ar ddiwedd prynhawn dydd Gwener, yn gadael ffenest y stafell hongian cotie off o'r latsh. Wedyn, acha nos Sadwrn wedi'r pictiwrs, fe fydden ni'n medru agor y ffenest a dringo mewn. Yna, wrth i ni gynefino â'r tywyllwch, fe fydden ni'n dod yn ymwybodol o bresenoldeb parau eraill. Weithie fe fydde yna tua hanner-dwsin o wahanol bare yno.

Dw i ddim yn credu fod yr athrawon yn ymwybodol o'r hyn o'dd yn digwydd. Neu, os oedden nhw, a hwythe yn gyn-ddisgyblion o Ysgol Rhydaman, hwyrach eu bod nhw wedi bod yn gwneud yr un peth pan oedden nhw'n ddisgyblion. Hynny, falle, yn arwain at ryw gytundeb bach cyfrinachol i gadw'r peth yn dawel.

O ran caru, bachan digon dibrofiad o'wn i, cofiwch. Ro'wn i bron yn un ar bymtheg oed cyn i fi fynd mas gyda merch am y tro cynta. Nawr, ro'wn i'n ddigon hyddysg yn y theori. Dal i fyny â'r *practical* o'dd y broblem! Ond ro'dd gen i fantais. Pan o'wn i yn y chweched dosbarth, fi o'dd cadeirydd Cymdeithas Gelf a Chrefft yr ysgol a fi, felly, fydde'n trefnu'r gweithgaredde. Ro'wn i wedi ffansïo un ferch ers tro a chan fod y Gymdeithas yn bwriadu ymweld â Sir Benfro fe wnes i drefnu fod hon yn eistedd o fewn cyrraedd i fi ar y bỳs. Gyda llaw, mae gen i deimlad agos tuag at Sir Benfro gan fod hanner fy nheulu yn dod oddi yno.

Fe stopion ni yn Neigwl ond ro'dd y tywydd ychydig yn oer. Ar y traeth fe wnes i gynnig fy nghôt i'r ferch yma ond fe wrthododd. Fe gerddodd hi fyny'r clais ac yno ro'dd pwll bychan o ddŵr. Ac fe wnes i ddynwared Syr Walter Raleigh

Tîm tŷ Llywelyn Ysgol Rhydaman ar Ddydd Gŵyl Dewi.
Derec Llwyd Morgan oedd y capten. Fi yw'r pella, yn y cefn ar y chwith.

drwy ddiosg fy nghôt a'i gosod hi dros y pwll dŵr a'i gwahodd
hi i gerdded dros y pwll heb wlychu ei thraed. A diawch, fe
dderbyniodd hi'r cynnig. Y broblem wedyn, ar ôl mynd adre,
o'dd esbonio i Mam beth achosodd yr ôl traed ar fy nghôt!

Fe wnaethon ni gyrraedd yr eglwys gadeiriol yn Nhyddewi a
fe ddringon ni lan y tŵr. A hi o'dd yn dringo o 'mla'n i. A dyna i
chi olygfa bert – nid yr olygfa o ben y tŵr ond yr olygfa o ddilyn
y ferch lan yr ysgol. Anghofia i byth mo'r olygfa honno.

Yn y chweched dosbarth yn yr ysgol ro'wn i'n dilyn cwrs
daearyddiaeth, y pwnc wnes i arbenigo arno yn y coleg wedyn.
Ac unwaith fe gawson ni fynd ar daith i weld Cors Caron. Yno
fe gawson ni gyfle i astudio'r gors ei hun ac ymweld â fferm lle'r
o'dd brodyr o'dd yn ddisgynyddion uniongyrchol o'r Oes Efydd.
Do'dd neb o'r teulu yn berchen beic felly ro'dd eu gwaed yn dal
yn bur, heb ei gymysgu gan waed o'r tu allan. Ro'dd gan y
dynion hyn benne o'dd â siâp arbennig ac fe gawson ni rybudd
gan yr athro i sylwi ar hynny heb wneud y peth yn rhy amlwg.

Mae Cors Caron yn sefyll mewn cwm sy'n rhedeg yr holl
ffordd o Lambed i fyny heibio i Dregaron ac ymlaen i
Bontrhydfendigaid, ardal hyfryd iawn. Yn wir, ro'wn i wedi

anghofio am harddwch yr ardal nes i fi ddychwelyd yn ddiweddar i rasys trotian Tregaron. Deirgwaith fe ges i wahoddiad i fynd yno i annerch cinio'r Clwb Rygbi ond heb fedru mynd. Falle ma' peth da o'dd hynny gan fod yr achlysur, medden nhw, yn para am dridie.

*   *   *

Unwaith y flwyddyn fe gynhelid opera, neu'n hytrach operetta, fel *The Student Prince, The Desert Song, The Merry Widow* a phethe tebyg yn y Neuadd Gyhoeddus ym Mrynaman. Ro'dd 'na wastod gystadleuaeth gan fod yna neuadd hefyd yng Nghwmllynfell, ac ro'dd yna un yn Waun Cae Gurwen, neu ar y Waun, ac un yn y Garnant. O'dd wastod bysys yn dod o'r llefydd eraill i weld pa mor dda fydde'ch cynnig chi. Fe fydde yna gymharu. 'O, ie, *The Desert Song*. Lled dda. Ond ddim cystal â'n *Desert Song* ni 'nôl yn 1947.'

Hefyd, y peth mawr o'dd treio ca'l sêt lan llofft ar y nos Sadwrn. O'dd rhaid bo' chi'n nabod rhywun ar y pwyllgor i ga'l sêt lan fan'ny. Wedyn pan fydden nhw'n canu'r anthem ar ddiwedd y noson fe fydde pawb yn troi rownd a dishgwl pwy o'dd i'w weld yn y rhes ffrynt lan llofft. Ble oedden nhw wedi ca'l y tocyn? Pwy oedden nhw'n nabod ar y pwyllgor? Dyna'r cwestiyne mawr a gâi eu gofyn.

Yn y neuadd hefyd, unwaith y flwyddyn, fe fydde yna eisteddfod fawr rhwng y capeli. O'dd 'na ryw whech o gapeli ym Mrynaman yn cystadlu. Gibea, fynycha, o'dd yn ennill achos ma' Gibea o'dd y capel mwya. Un peth golles i mas arno mewn bywyd o'dd peidio mynd i'r capel mor aml. Dw i ddim yn siwr am y rheswm dros hynny, ond o'wn i wastod yn teimlo embaras am y ffaith pan fydde'r eisteddfod ymlaen am nad o'wn i'n aelod o unrhyw gapel. O'wn i ddim yn siwr beth o'dd fy rôl i. Ond rwy'n cofio mynd gyda ffrind i fi, Ashley Thomas, sy'n ddoctor nawr lawr yn Sir Benfro, i weld y cystadlaethe. Fe ofynnodd rhyw fenyw i fi i ba gapel o'wn i'n mynd. Ro'wn i'n hollol embaras. Ond fe wedodd Ashley, whare teg iddo fe, 'O, ma' Roy yn mynd i'r Eglwys fel fi'. Fe dynnodd e fi mas o dwll fanna.

Hefyd acha dydd Sul yn yr haf ar ôl y capel yn y nos fe fydde'r menywod yn mynd lan i'r mynydd am wâc yn eu dillad posh a'u hetie yn cario Llyfrau Emynau neu'r Beibl yn eu dwylo yn dair neu bedair gyda'i gilydd. A o'wn i wastod yn cwato yn y tŷ achos, am ryw reswm, o'wn i'n teimlo'n embaras iawn am bo' fi ddim yn mynd i'r capel.

*   *   *

Digwyddiad mawr blynyddol arall o'dd yr *excursion*. Pan fydde'r trêns yn dod lan i Frynaman o'dd dim coridorau arnyn nhw, dim ond dau gerbyd, tendyr a'r injan. Ond unwaith y flwyddyn fe fydde'r trên mawr yn dod. Fe fydde ysgolion y dyffryn, Brynaman, Garnant, Glanaman a Rhydaman yn dod at ei gilydd i lanw'r trên. A ro'dd coridor ar y trên yma.

Rwy'n cofio hefyd mynd lan i Lunden yn 1951 i'r *Festival of Britain*. Gan fod coridor i'r trên, os o'dd yr athrawon yn fodlon, o'ch chi'n galler cerdded lan y coridor i fynd i'r toiled. Ac ar ôl codi sêt y toiled, wrth gwrs, dishgwl lawr ar y rheilffordd yn rhuthro odanoch chi. A hefyd, os oeddech chi'n mo'yn, o'ch chi'n galler cerdded i Lunden, mwy neu lai, o ddefnyddio digon o'r coridor. Mantais fawr o ga'l coridor o'dd eich bod chi'n medru cymysgu â'r ysgolion eraill hefyd.

Ar ôl cyrraedd Llunden o'dd bysys yn mynd â ni i'r *Embankment* ar yr ochor draw i'r afon. A fe gawson ni'n rhybuddio i fod yn ofalus i beidio prynu *jumping beans* plastig oddi wrth y *spivs* a fydde'n eu gwerthu nhw. Fe brynes i ddwy set i fi'n hunan a o'dd arian sbâr gen i ar y ffordd 'nôl a fe hales i'r arian i gyd acha *The Canal Ways of France*. Pam, dw i ddim yn gwbod. Ond o'dd arian sbâr gen i yn llosgi yn 'y mhoced a o'dd raid i fi ei hala fe ar rywbeth.

Fe ges i fynd un flwyddyn hefyd ar drip y capeli am fod lot o seddi sbâr ar y trên. A rwy'n cofio fod y diaconied yn ddiamynedd ofnadwy. Unwaith pan o'wn i'n cerdded 'nôl a

Enjoio ar y traeth.

mla'n ar hyd y coridor fe dda'th un o'r diaconied mas o'r cerbyd a rhoi clipad i fi, ac i sawl un arall hefyd.

Trip arall o'dd yn ca'l ei drefnu o'dd trip y Clwb Mawr, neu'r *Brynaman Industrial Club and Institute.* Fe fydden nhw'n trefnu rhyw ddwsin o fysys i fynd i Borthcawl neu'r Barri. Ddim i Aberystwyth. Dim ond trip y stryd fydde'n mynd i Aberystwyth, unwaith bob dwy flynedd.

O'dd neb yn mo'yn mynd ar fỳs Twm Lan Garnant achos o'dd

Twm yn fachan gofalus. Dw i ddim yn siwr a o'dd bỳs Twm wedi bod lathen o'r pafin neu o'r clawdd drwy holl fywyd y cerbyd. Ac felly os o'ch chi'n mynd i Borthcawl neu'r Barri fe fyddech chi'n cyrraedd yno rhyw ugen munud ar ôl pawb arall. A fe fyddech chi'n gorfod dechre 'nôl ugen munud o fla'n pawb arall er mwyn cyrraedd Brynaman yr un pryd â nhw.

O'dd yn well gyda fi fynd i'r Barri na Phorthcawl. O'dd e'n bellach. Ar ôl cyrraedd y Barri fe gâi'r bysys eu parcio gerllaw'r fan lle'r adeiladodd Billy Butlin ei wersyll. Fe wnâi'r cysgodfeydd ar hyd y prom ar lan traeth Bae Whitmore, a'u colofnau hardd, fy atgoffa o'r Parthenon yn Athen.

Y peth cynta wnâi Mam o'dd chwilio am gaffi i ga'l rhywbeth i'w fwyta. A'r hyn dwi'n gofio am gaffis y Barri, ar y ffrynt yn ymyl y ffair, o'dd fod iddyn nhw ddwy stafell, sef stafell gefen a stafell ffrynt. Yn y stafell ffrynt fe gâi bwyd ei weini lle byddai cwsmeriaid yn eistedd lawr i fwynhau dishgled o de ynghyd â'r bwyd oedden nhw wedi'i archebu. Ond yn y stafell gefen roedd byrdde a meincie hirion. Ac yno ro'dd hawl i ni fynd i fwyta'n bwyd ein hunain, brechdane ac yn y blaen. Ar yr amod, wrth gwrs, ein bod ni'n prynu te'r caffi.

Candi fflos a fale taffi, môr a thywod o'dd y Barri i fi. Ac, wrth gwrs, mynd i'r môr a cheisio newid heb i'r merched ein gweld ni. Dillad nofio o wlân o'dd y ffasiwn bryd hynny. Fe fydden ni'n dod mas o'r môr yn cario dau neu dri galwyn o ddŵr ynddyn nhw. Ac unwaith eto ceisio cwato wrth newid 'nôl i'n dillad, cwato y tu ôl i un o'r tywelion bach o'dd Mam wedi dod gyda hi. Ac wedyn tynnu'n sanau lan dros fy nhraed, a'r rheiny'n hanner sych a hanner gwlyb.

Roedd yn rhaid mynd i'r ffair, wrth gwrs, am tua awr cyn mynd 'nôl am y bysys. Canu wedyn ar y ffordd adre, 'Milgi, Milgi' ac ambell emyn. Ac er ei bod hi'n siwrne weddol wastad 'nôl i Frynaman, ro'dd yn rhaid ca'l *She'll be Coming Round the Mountain*. Rhywun wedyn yn tynnu'i gap ac yn mynd o gwmpas y bỳs i gasglu i'r gyrrwr.

*   *   *

Fi, Tad-cu a Derek, fy nghefnder, yn Ninbych-y-pysgod.

Un lle sy'n dal yn llawn hud i fi o ddyddiau plentyndod yw Dinbych-y-pysgod. Ro'dd Tad-cu a Mam-gu ar ochr Nhad yn dod o'r dre ac fe fuon nhw'n byw yno yn ystod eu blynyddoedd ola yn rhif 8 Heol Trafalgar y drws nesa i'r barbwr.

Peintiwr o'dd Tad-cu, peintiwr tai. Ac fe fedra i gofio'i ddrws ffrynt wedi'i beintio mewn arddull graen, effaith a gaech chi drwy dynnu crib drwy baent gwlyb a steil o'dd yn ffasiynol iawn ar y pryd. Rwy wedi difaru droeon na wnes i brynu'r drws yna a'i gadw.

Ro'dd Dinbych-y-pysgod yn lle llawn antur. Ro'dd gan Tad-cu ddau gwch hwylio, y *Doric* a'r *Elsie*. Cychod bach oedden nhw. Ond erbyn i fi fynd adre i Frynaman i adrodd yr hanesion wrth fy ffrindie fe fydden nhw wedi tyfu cryn dipyn. Yn y cychod yma fe gawn i hwylio mewn rasys, pysgota mecryll a mynd allan i Ynys Bŷr.

Man chware arall o'dd Castle Hill gerllaw Ynys y Santes Catherine, safle hen gaer. Fe fues i'n ystyried mynd i fyw yno. Ond yn anffodus, ddim ond dwywaith y dydd mae modd mynd arni.

Ro'dd gan Tad-cu hen sièd ar lawr ucha Clwb Hwylio'r dre ac fe fedra i o hyd wynto'r paent, y creosot, y rhaffau a'r rhwydi a

Fi a Cheryl, fy nghyfnither, yn Ninbych-y-pysgod.

gadwai e yno. Ac wrth basio gwesty'r Royal Gate, sy'n edrych lawr ar Draeth y Gogledd, fe fyddwn i'n teimlo'n eiddigeddus at y gwesteion a fyddai'n gloddesta yn y stafell fwyta ac yn ceisio dyfalu sut fedren nhw fforddio bod yno. Un diwrnod, addewais, fe wna i lwyddo i fynd mewn i fan'na.

Erbyn hyn rwy wedi cael y fraint o fod yn Llywydd Côr Meibion Dinbych-y-pysgod. Yn wir, fe fu bron iawn i Elaine a fi fynd gyda nhw ar daith i Romania. Fe fethon ni fynd ar y funud ola – munud ola yng ngwir ystyr y gair. Ro'dd props yr awyren wedi dechre troi ond pan welodd Elaine gyflwr yr awyren *Ilyshin 18*, fe wnaeth hi ailfeddwl. Ond nid yr awyren o'dd y broblem fwya. Yng ngofal y diogelwch arni ro'dd menyw fawr mewn *trenchcoat* a fydde'n gweddu i James Bond. Fe fynnodd fod yr holl fagie yn cael eu gadael yn rhesi ar y tarmac ac fe fynnodd fod y Llywydd, sef fi, yn eistedd yn yr adran i'r *VIPs*. Ro'dd yr adran honno yn un gyfyng iawn yn ymyl cynffon yr awyren. Dyna pryd benderfynodd Elaine nad o'dd hi am fynd. Allwn i ddim o'i beio hi.

Fe adawon ni'r awyren gan adael y côr i deithio hebddon ni. A'r darlun olaf o'r antur sy'n aros yn y cof yw hwnnw o'r peilot a'r fenyw fawr yn ei chot ledr yn chwilio am ein bagie ni. Os nad oedden ni'n mynd, yna châi ein bagie ni ddim mynd chwaith.

*　　　*　　　*

Pan o'wn i'n blentyn ro'dd e'n arferiad yn ardal Brynaman i'r rhieni dynnu allan bolisi yswiriant, *Penny Policy*, pan gâi plentyn ei eni. Wedyn, bob blwyddyn fe fydde'r asiant yn dod heibio ac yn annog y fam neu'r tad i dynnu allan bolisi ychwanegol. Fe allai hyn arwain at tua dwsin o *Penny Policies*.

Pan o'wn i'n bedair ar ddeg oed fe drefnodd yr athro arlunio a chelf a chrefft yn yr ysgol daith i'r Eidal. Ro'dd y daith, a o'dd yn golygu taith drên am ddeng niwrnod drwy Fenis, Fflorens a Rhufain, yn costio £29.15s. Ac i dalu am y trip fe dynnodd Mam un o'r polisïau yma allan. O'dd e'n werth £30, jyst digon, a bant â fi.

Ro'dd y mannau lle'r oedden ni'n sefyll yn iawn. Yn Fflorens, er enghraifft, ro'n ni'n sefyll mewn cwfaint, y drws nesa i'r carchar.

Ar y ffordd yn ôl fe wnes i flasu'r hufen iâ gore ges i erioed. Rwy'n ei gofio fe nawr yn dod mas o'r peiriant. Ond y digwyddiad mwya i aros ar fy nghof i o'dd digwyddiad rhyngwladol. O'dd gyda ni ferch o Dycroes, a rwy'n cofio amdani yn ca'l *French kiss*. Meddyliwch am y peth, Cymraes yn ca'l cusan Ffrengig gan Eidalwr mewn twnnel rhwng yr Eidal a Ffrainc!

*   *   *

Ddwywaith yr wythnos ro'dd 'na fỳs *Bedford* yn dod dros y mynydd i Frynaman, Thomas Brothers o Langadog a Gwynfe, yn cario pobol Gwynfe draw i'r sinema ar ddydd Mawrth ac acha dydd Gwener hefyd. Fe fydde'r gyrrwr yn parcio'r bỳs draw wrth fynwent Capel Gibea. Ambell waith fe fydde ganddo fe fenyw yn gwmni. Fe fydden ni'r plant yn gadael llonydd iddyn nhw garu. Yna, ar ddiwedd y nos fe fydde teithwyr y bỳs i gyd yn ymgasglu yn siop tships y Morlais ar Hewl y Mynydd. A fan'ny bydde bỳs Gwynfe'n stopo cyn cychwyn ar y daith yn ôl dros y Mynydd Du.

Tua dwywaith y flwyddyn fe fyddwn i a Mam yn mynd ar y bỳs yma i Gwynfe i weld anti ac wncwl o'dd yn byw yn Sgubor Wen, Anti May ac Wncwl Jâms. O'dd Wncwl Jâms yn fachan diddorol, bachan cryf o'dd wedi colli un goes mewn damwain gyda pheiriant dyrnu. Ond whare teg iddo fe, er mai dim ond un goes o'dd gydag e, o'dd y goes arall yn gallu mynd yn ddigon clou i ddala tair menyw. Do, fe briododd e deirgwaith!

O'dd gyda Anti May ac Wncwl Jâms grochan mawr yn hongian wrth y tân. Ac un peth fedra i gofio'n glir yw'r diwrnod wnaethon nhw gynnig gwningen i fi. O'dd yn gas gen i gig gwningen. Fe fydde rhyw hen ddarlun cas yn dod i'm meddwl i bob tro y byddwn i'n meddwl am gwningen. A'r diwrnod hwnnw fe wrthodais i a fe gymerais i ŵy.

Pan o'wn i'n blentyn fe fyddwn i'n ystyried Wncwl Jâms fel dyn carismataidd. Fe fyddwn i'n dychmygu iddo fe golli ei goes, nid wrth ddyrnu ond ym mrwydr Waterloo.

Fe fyddwn i'n edrych ymlaen at y teithiau dros y Mynydd Du. Fe fydde'r gyrrwr yn stopo y tu allan i'r New Inn yng Ngwynfe. Mae'r lle wedi hen gau erbyn hyn. Ond pan o'dd Elaine a fi'n caru fe fydden ni'n galw'n aml yn y New Inn am beint a *Babycham*. A fe ddatblygodd y peth yn rhyw fath o draddodiad.

Wrth i'r bỳs sefyll wrth y New Inn fe fydde Mam a finne'n cerdded lan heibio capel Jerusalem. Ac yn lle troi tua'r pentre, troi tuag at y fferm. Gyda'r nos wedyn fe fydde car yn dod lan o'r garej fach drws nesa i'r dafarn i fynd â ni lawr i ddal y bỳs am adre i Frynaman.

*   *   *

Mae'r ffin yn mynd drwy bentre Brynaman gydag un hanner o'r pentre yn Sir Forgannwg, fel o'dd pethe. Nawr yr enw yw Castell Nedd a Phort Talbot. Fe fuodd e hefyd yn Ddyffryn Lliw ac yn Forgannwg Fawr. Ma' Brynaman Uchaf lan yn Sir Gaerfyrddin. Afon Aman sy'n rhannu'r pentre.

O'dd plant Brynaman Isaf yn gorfod mynd drwy Frynaman Uchaf i fynd i Ysgol Ramadeg Ystalyfera. O'wn i'n gorfod mynd drwy Frynaman Isaf i fynd lawr i Waun-cae-gurwen ac yna ymla'n drwy Lanaman a'r Garnant i Ysgol Ramadeg Rhydaman.

Ro'dd Brynaman yn lle diddorol. Ro'dd y Clwb Rygbi a'r Clwb Mawr a dwy dafarn ym Mrynaman Isaf a o'dd pump tafarn ym Mrynaman Uchaf. Ond o'dd y pump yn sych acha dydd Sul felly fe fydde 'na dipyn o drafaelu gyda bois Brynaman Uchaf yn mynd lawr i'r clwb neu i dafarne er'ill i ga'l peint neu ddau, ambell ddiacon yn eu plith nhw.

Rwy'n cofio un diacon yn gofyn a awn â bet iddo fe i roi ar y ceffyle. O'wn i'n paso lawr Hewl Stesion a fe dda'th e mas o gysgod rhyw ddrws a'r bet yma yn ei law. O'dd e ddim ishe neb i'w weld e.

O'dd dwy ysgol ym Mrynaman Uchaf, Ysgol y Babanod a'r Ysgol Gynradd. Yn Ysgol y Babanod o'n nhw'n dysgu drwy gyfrwng y Gymraeg. A rwy'n cofio'r medical cynta ges i fan'no, pob un ohonon ni yn shei iawn yn sefyll mewn lein o fla'n Miss Llewelyn. Hi o'dd y brifathrawes. Miss Griffiths o'dd yr athrawes ddosbarth. Dyna lle'r oedden ni i gyd mewn lein. A finne'n dal 'y nhrowsus lan rhag ofn iddo fe gwmpo lawr.

Yr adeg honno, am ryw reswm, doedden ni ddim yn gwisgo pants. Pam, dw i ddim yn siwr. Arian yn brin ar ôl y Rhyfel, falle. Cofiwch, o'wn i'n ddigon balch achos o'dd y bois ddechreuodd wisgo pants wedyn yn edrych yn dwp gyda'u pants yn aml yn hirach na'u trowseri. A'r merched yn wherthin a gweiddi eu bod nhw'n galler gweld y pants.

Beth bynnag, yn y medical fe wedodd Miss Llewelyn y dylwn i ollwng gafael yn fy nhrowser. 'Dodwch eich dwylo fyny yn yr

Ysgol fach Brynaman. Fi sy â'r tamborine, a Huw Ceredig sy'n dala'r drwm.

awyr,' medde hi. Fe wnes i. A fe gwmpodd 'y nhrowser i lawr. Rwy'n credu ma' Sylvia Williams o'dd yn sefyll wrth 'y nghwt i yn y lein. Pwy bynnag o'dd hi, fe gafodd hi lond llyged.

O'r ysgol hon y gwnes i baso fy *Eleven Plus.* Rhedeg adre yn hapus wedi i Talbot Davies, y prifathro, dorri'r newydd fod wyth ohonon ni wedi paso. Un arall o'r wyth i baso o'dd Dafydd Iwan. O'dd 'i dad e, Gerallt Jones, yn weinidog yng Nghapel Gibea. O'dd Huw Ceredig, brawd Dafydd, wedi bod yn yr un dosbarth â fi am gyfnod cyn iddo fe symud ymla'n. Fe safodd e'r arholiad flwyddyn o mla'n i a symud i Goleg Llanymddyfri. Fe fuodd Dafydd gyda ni am ryw flwyddyn wedyn cyn i'r teulu symud lan i'r Gogledd.

Yn yr ysgol o'dd yn gas 'da fi amser cinio gwlyb. O'dd y stafell hongian cotie yn drewi o *Gaberdines* gwlyb. Rwy'n cofio Mam yn prynu un newydd i fi. Dau ddiwrnod barodd hi. Fe ddwgodd rhyw ddiawl hi. Ges i byth ohoni 'nôl. Ond y peth gwaetha o'dd fod Miss Morgan yn gofalu amdanon ni ar amseroedd cinio gwlyb. Ro'wn i'n gorfod mynd i'w dosbarth hi ac yn gorfod perfformio rhywbeth. Adrodd darn o farddoniaeth neu ganu cân. Ac yn y dosbarth yna rwy'n cofio'n fwy na dim yr hen gypyrdde lle o'n nhw'n cadw'r daps ar gyfer gwneud ymarfer corff. Fydden ni byth yn mynd mas i'r iard i ga'l ymarfer corff. *Physical jerks* o'dd y drefn, a hynny rhwng y desgie. Fe fyddwn i'n hala hanner yr amser yn edrych am bâr o ddaps. Ffeindio'r un dde ond ffaelu ffeindio'r un chwith. Yna, o ffeindio'r ddwy, fe fyddwn i'n edrych am lasys i'w clymu nhw lan.

Pan o'wn i'n ifanc iawn o'wn i'n ca'l trwbwl clymu'n lasys. A Mrs Morgan yn gofyn, 'Chi ddim yn gallu gwneud eich lasys lan o hyd, Roy?' Finne'n ateb. 'Rwy'n gallu gwneud nhw acha daps gwyn ond ddim acha daps du.'

Rwy'n cofio Eisteddfod Genedlaethol Ystradgynlais 'nôl yn 1954. O'dd yr ysgol yn perfformio yno. A fe wedodd Berian Evans, fel ffrind da i fi, wrth y prifathro bo' fi'n ffaelu cyrraedd y nodau uchaf. A fe ges i lonydd rhag bod yn y côr. Ond ro'wn i yn y parti cydadrodd. Fe fydden ni'n mynd lawr i Ysgol y Glyn ym Mrynaman Isaf i ga'l ymarfer. Dw i ddim yn cofio'n iawn beth o'dd y darn ond o'dd e'n mynd:

'Addysg, addysg, rhaid cael addysg,
Na foed Cymru'n wlad y di-ddysg.'

Ac wrth i ni adrodd ro'dd yn rhaid i ni adeiladu ein hunain lan yn rhyw fath o *tableau* wedi ein gwisgo mewn dillad ymarfer corff, fests, shorts hir a daps. A rwy'n cofio Michael Lloyd, druan, a thri arall ar y gwaelod a fi ar eu penne nhw. Roedden nhw'n plygu lawr a finne'n balanso ar eu penne nhw gan lunio rhyw fath o byramid. Wedyn fe fydden ni, o'dd ar y top, yn ceisio dal rhai er'ill lan yn uwch na ni.

Yn ogystal â hyn o'wn i hefyd yn gorfod troi i'r dde lle'r o'dd Avril Jones, rwy'n credu, yn gorfod taflu ei hunan lan mewn rhyw fath o *hand-stand* yn fy erbyn i. Fe fyddwn i'n edrych lawr bob tro y bydde hi'n taflu ei choese lan. A thrwy hynny fe ddes i i'w hadnabod hi'n dda. Rwy'n credu mai Avril o'dd hi. Falle mai Suzanne o'dd hi, wedi meddwl. Ond sdim ots. O'r cyfeiriad hynna o'dd rhywun ddim yn sylwi ar y wyneb.

Rwy'n cofio'r perfformiad cynta wnes i erioed. Ro'wn i yn Ysgol y Babanod a o'wn i lawr yn yr Aelwyd ar Fawrth 1af, y mamau yno i gyd a phawb ohonon ni a chân fach i'w pherfformio. O'dd pawb wedi'u gwisgo lan mewn gwahanol ddillad. Postman o'wn i. Ro'dd yno löwr hefyd, plisman a nyrs ac yn y blaen. A phan ddaeth fy nhro i lawr y lein dyma fi'n canu:

Postman ydw i
Yn mynd o dŷ i dŷ,
Dyma lythyr nawr i chi
Ta-ram ta-ram-tam ti.

Yn y cyfnod pan o'wn i'n dechre gwahaniaethu rhwng merched a bechgyn fe fyddwn i'n tueddu i fynd lawr i New Road neu Hewl Cwar i whare gêm *Truth, Dare or Promise*. Dibynnu pa gategori fyddech chi'n ddewis, falle ma' *dare* fydde fe a gorfod cusanu rhywun neu'i gilydd. Rwy'n credu ma'r cusan cynta ges i o'dd gyda Maureen Hammond. O'dd hi dipyn yn dalach na fi. O'n i'n gorfod sefyll ar flaene 'nhraed. Ond y broblem fwya o'dd, o'wn i ddim yn gwybod ble i roi 'nhrwyn. Ar ôl dysgu hynny fe wnes i ei enjoio fe'n fawr!

Whare doctors wedyn yn y sièds. Fyddwn i byth yn lwcus. O'dd rhai yn ddoctors. Er'ill yn nyrsys. A rhai yn gleifion. Y merched o'dd rheiny. Ond gyrrwr yr ambiwlans fyddwn i bob tro.

O'dd Ysgol Gynradd Brynaman wedi llosgi lawr a o'dd cabane terapins wedi'u gosod yno. Ma' nhw yno o hyd er bod yr ysgol wedi cau. A rwy'n cofio ar ganol gwers Rheinallt Thomas yn Standard 2 rhyw foi yn agor y drws a dod mewn. 'Sori,' medde fe, 'o'wn i'n credu taw caffi o'dd 'ma.'

Sièd werdd ynghanol yr iard o'dd stafell y prifathro, Mr George. Os o'dd rhywun yn eich hala chi at Mr George fe fydde hi yn wâc hir. O'dd y sièd 'ma ar ei phen ei hun fel rhyw *Checkpoint Charlie*. A phan fyddech chi'n cerdded mewn o'dd y gwynt yn eich taro chi, gwynt côt wlyb ac inc a phapur bloto. A fe fydde'r wialen yn y gornel.

*   *   *

Ysgol Brynaman – fi yw'r trydydd o'r chwith yn y rhes gefn, a Dafydd Iwan sydd yn y cornel dde yn y ffrynt. Mr George yw'r prifathro, a Hannah Williams yr athrawes.

Elaine, fy ngwraig, yng nghastell Carreg Cennen.

Ro'dd hi'n draddodiad i blant rhwng deg oed a phedair ar ddeg i gerdded i Garreg Cennen bob Sulgwyn. Fe fydden nhw'n dod o'r pentrefi cyfagos, Brynaman, Glanaman, Garnant, Llandybïe a Rhydaman. Wn i ddim beth o'dd wrth wraidd y peth ond ro'dd e wedi tyfu i fod yn draddodiad. Fe fydde pawb yn cwrdd yno ac ymhlith y rhai hyn, fe fydde tipyn o gelcan yn digwydd yn y dwnsiwn. Ac mae Castell Carreg Cennen wedi aros ymhlith fy hoff fannau.

Ro'dd rhai yn credu fod rhyw bêr rhamantaidd yn perthyn i Gastell Carreg Cennen. Os na fedrech chi ddenu merch yng Ngharreg Cennen, nelech chi byth lwyddo i ddenu merch o gwbwl. Rhaid cyfaddef i fi roi prawf ar y ddamcaniaeth. A hynny gyda chryn lwyddiant. Ond stori arall yw honno.

Rwy'n cofio unwaith i John Salter a 'Tiger' Tim Thomas un tro ei gadael hi braidd yn hwyr cyn troi am adre. Ac erbyn i ni gyrraedd y Mynydd Du ro'dd y niwl wedi disgyn. Do'dd dim gobaith gyda ni i gyrraedd adre mewn amser call a ro'dd Mam, mae'n debyg, wedi galw'r heddlu.

O'dd dim llawer o geir yn y pentre bryd hynny. Dim ond pedwar car o'dd yno i gyd. A'r ymgymerwr angladdau o'dd yn berchen dau o'r rheiny! Ond drwy'r niwl ar gopa'r mynydd fe welson ni siâp *Austin Seven*. Ac ynddo fe ro'dd pâr yn caru. Fe wnaethon ni redeg at y car ac mae'n rhaid fod y peth wedi bod yn gryn sioc i'r pâr ar y pryd wrth iddyn nhw weld tri sgamp yn rhedeg tuag atyn nhw mas o'r niwl. Ond whare teg, fe aethon nhw â ni 'nôl lawr i'r pentre.

Fe ddylwn i ychwanegu fod y ddau wedyn wedi priodi. Ar ôl yr hyn ddigwyddodd, falle nad o'dd dewis gyda nhw. Beth bynnag, fe orffennodd popeth yn ddigon teidi.

*　　　*　　　*

Mae meddwl am 'Tiger' Tim Thomas yn atgoffa rhywun o'r llysenwe a gâi rhai o bobol a phlant Brynaman. Dyna i chi 'Eddie *Greasproof*', a fydde'n mynd o gwmpas y tai yn gwerthu gwahanol nwyddau allan o fag mawr. Nwyddau ar gyfer y gegin fydden nhw fwyaf, yn cynnwys papur *greasproof*. A dyna sut gafodd e'i lysenw.

Dyna i chi Dai Gât wedyn. Dai Gât am ei fod e'n byw mewn hen dollborth. Ar y dôl fydde Dai gan amla. Ond weithie fe fydde fe'n gweithio. Ac at Dai yr âi'r gwahanol addoldai os oedd angen torri bedd. Yn gyfrinachol y gwnâi e hyn. Ond fe wnâi e'r gwaith yn rhad felly fe fydde pawb yn cadw'n dawel.

Mae 'na stori dda am Dai pan ddaeth y papur tŷ bach lliw cynta i Frynaman. Am flynyddoedd, dim ond lliw gwyn o'dd ar ga'l, wrth gwrs. Ond yn sydyn fe ddaeth papur o wahanol liwie ar y farchnad. Beth bynnag, fe a'th Dai mewn i'r siop i ofyn am bapur tŷ bach.

'Pa liw chi'n mo'yn?' gofynnodd Jenny y siop.

'Lliw? Be chi'n feddwl, pa liw?'

'Wel, ma' pob lliw gyda ni nawr. Pa liw chi'n mo'yn?'

'Sdim ots,' atebodd Dai, 'unrhyw liw, ddim ond ei fod e'n mynd gyda brown.'

*　　　*　　　*

Rhyw unwaith neu ddwywaith y flwyddyn fe fyddwn i'n ymweld â dwy anti o'dd gyda fi yng Nghaio, dwy chwaer, Anti Marged ac Anti Hannah. Rwy'n credu fod y teulu o ochr Mam yn dod o ardaloedd Caio, Crug-y-bar a Phumsaint.

Dal y bỳs o Frynaman i Waun-cae-gurwen. Newid yno am Rydaman. Wedyn dal bỳs am Lambed ond gadael y bỳs ym Mhenroc ychydig cyn cyrraedd Pumsaint a cherdded y filltir neu'r filltir a hanner olaf ar hyd yr hewl gul i'r pentre. Ar y daith hon y gwelais i, am y tro cynta, gwningen yn dioddef o'r *Myxomatosis.*

Fe fyddwn i wastod yn galw gydag Anti Hannah gynta. Gyda hi a Wncwl Dafydd y byddwn i'n cael cinio. O'n nhw'n cadw picwns ar gyfer mêl. O'dd tŷ Anti Hannah wastod yn daclus. Popeth yn ei le.

Dafydd a Marged, Caio.

Fe fyddwn i'n mynd lan i ga'l te at Anti Marged. O'dd Anti Marged a Anti Hannah weithie ddim yn siarad â'i gilydd a phan fyddwn i'n galw yng nghartre'r naill neu'r llall fe fydde un anti yn holi, 'Shwd ma' hi lan fan'na? Be ma' hi'n neud y dyddie hyn?'

O'dd Anti Marged yn gymeriad, wastod â diddordeb mewn gwleidyddiaeth a phyncie'r dydd. Fe fydde hi'n sefyll ar stepen y drws i weld pwy fydde'n paso er mwyn ca'l sgwrs. Ond do'dd ganddi ddim diddordeb mewn cadw'r tŷ yn gymen. A dweud y gwir fe fyddwn i, weithie, yn ffeindio ambell gylchgrawn o dan glustog y soffa o'dd yn mynd 'nôl i 1937.

Fe wnâi Anti Hannah de ardderchog yn y gegin ar ein cyfer ni. Fe fedra i gofio'r achlysuron hynny'n glir ac yn gynnes. Yr uchafbwynt fydde jeli coch a llaeth tun *Ideal.*

Ac yn aml fe fydde'n rhaid i fi groesi nghoese. Do'dd cartre Anti Marged ddim yn rhan o'r system garthffosiaeth. Hen fwced mas y bac o'dd ganddi hi a chwter yn rhedeg o dan y bwced. Felly, yr unig ateb fydde croesi 'nghoesau, a hynny am wyth awr unwaith.

Rwy'n cofio Dad yn galw drws nesa yn y Briwnant Arms – Briwnant Cottage o'dd enw cartre Anti Marged – a'r boi y tu ôl i'r bar yn gofyn am swllt-a-whech am beint o gwrw. O'dd hynna yn arian ofnadwy. Lawr y clwb ym Mrynaman fe fydde modd ca'l peint am swllt. Ond ar ôl sgwrsio â'i gilydd am ryw ugen munud dyma'r boi yn gofyn i Dad.

'Odych chi'n perthyn i Marged drws nesa, 'te?'

'Odw, odw,' medde Dad.

'O,' medde'r boi, 'dyma whech cheinog 'nôl i chi. O'n i'n meddwl taw twrist o'ch chi.'

Anti arall o'dd Anti Katie o Borth Talbot. O'dd hi'n fenyw weddol ddiflas. O'dd hi'n gallu cofio popeth am ddyddie maith yn ôl. Ond dim byd am ddoe. O'dd hi wastod yn gwisgo mewn du a wastod yn dwlu ar angladde.

O'dd Anti Kate ddim yn briod. Ond o'dd hi wedi ca'l sawl cyfle, medde hi. Fe fuodd rhyw giwrad o Sgiwen a diddordeb mawr ynddi. Ond fe ddantodd hwnnw yn y diwedd gan ei bod hi yn edrych ar ôl Tomi, ei brawd, a fe a'th y ciwrad bant gyda rhywun arall.

Ond rwy'n cofio rhai o'r cynghorion wnaeth hi eu rhoi i fi. Ac ma' rhywun yn cofio'r pethe hyn er mor soffistigedig ma' bywyd yn medru bod. 'Os wyt ti byth yn golchi dy wallt, paid â mynd i'r gwely am awr neu awr a hanner rhag i ti wlychu'r glustog a dal annwyd,' medde hi. 'Tynna dy fest bant ar ddiwedd mis Ebrill a gwisga hi 'nôl ar y diwrnod cynta o Hydref,' medde hi wedyn. A rwy'n cofio hi'n dweud wrtha i'n ddifrifol iawn unwaith hefyd, 'Gan taw bachgen wyt ti, paid â chroesi dy goese nes dy fod ti'n bymtheg o'd.' Rwy wedi difaru erbyn hyn na wnes i wrando arni!

*   *   *

Pan o'wn i'n aros yng nghartre Mam-gu fe fyddwn i ambell waith yn gorfod siario stafell â dau wncwl, Thomas ac Illtud. Ro'dd yna fachan arall hefyd yn lodjo yn y tŷ, Richard Coleman, neu Dick. Fe a'th e'n dost a fe fu e farw. Ac fe alla i gofio'r noson fu e farw. Ro'wn i'n siario'r gwely gyda Thomas ac Illtud, un o'r gwelyau plu 'ma lle ma'r un sy'n cysgu yn y canol yn suddo lawr i'r dyffryn.

Dyma Mam yn ein dihuno ni ganol nos a dweud 'Ma' Dick wedi marw. Fe gododd e lan yn sydyn yn y gwely a gofyn am ddiod o frandi. Fe wnes i roi diferyn o frandi iddo fe. A diawch, rwy'n credu bo' fi wedi'i ladd e.'

Pan o'wn i'n fabi bach, a Mam a Dad yn penderfynu mynd mas i ddawns, fe fyddwn i'n aros gyda Mam-gu. O'dd dim crud yno, felly fe fyddwn i'n ca'l fy ngosod i orwedd mewn drôr yn y *chest of drawers.* Hwnnw o'dd fy ngwely i. O'dd Illtud yn fachan taclus, teidi a dyma fe'n dod 'nôl o'r dafarn un noson a gweld y drôr yn agored a dyma fe'n ei gau e heb sylweddoli fy mod i ynddo fe. Dim ond am ychydig eiliadau ddigwyddodd e. Ond falle fod hynna yn esbonio'r ffaith 'mod i wedi bod ofn y tywyllwch byth wedyn. Dwi'n dda i ddim yn y tywyllwch. Os oes yna garreg neu rywbeth ar y ffordd o 'mlaen i rwy'n siwr o gwmpo drosti.

Yn stafell wely Thomas ac Illtud ro'dd yna wardrob yn y wal a gwynt camffor ynddi a dwy het fowler ar y silff ucha ar gyfer angladde. Ro'dd angladde'r dyddie hynny bob amser yn angladde mawr. Fe fuodd sawl un o'n tŷ ni. A'r hyn nad o'wn i'n ei hoffi o'dd cau'r llenni am dri diwrnod rhwng adeg y farwolaeth a'r angladd ei hunan. Yna, cyn yr angladd, fe fydde nifer o bobol yn ymgasglu'r tu allan i'r tŷ yn canu emyne cyn cerdded lawr i'r fynwent.

Ar ôl yr angladd fe fydde pawb yn dod 'nôl i'r tŷ i ga'l bwyd, yr hyn maen nhw'n ei alw yn y Cymoedd yn *ham-on-plates*. Yna fe fydde pethe'n ysgafnhau, pawb yn ceisio codi hwyl, rhywbeth tebyg i *wakes* Iwerddon, ond ddim mor feddw.

*   *   *

Fi'n llawn drygioni ym Mrynaman.

Fe fyddwn i'n mynd acha nos Lun lan i dŷ Mam-gu ar Hewl y Mynydd. Fe fydde hi a menywod er'ill y stryd yn cwrdd yn y gegin i ga'l sgwrs fach yng ngolau'r tân glo. Ffordd fach dda o arbed rhoi swllt yn y *meter*. O'dd ganddi ford yn y gegin a'r lliain bord yn cyrraedd lawr i'r llawr. Felly, pan o'wn i'n fach fe fyddwn i'n mynd o dan y ford i gwato. Ro'dd e fel bod yn y Sahara neu ar yr Himalayas. Ond yn fwy na dim ro'wn i'n gallu gwrando.

Fe fydde Mrs Williams Nymbyr 1 yn dod mewn. Ac wedyn Mrs Richards Nymbyr 3 hefyd. A Mrs Williams, Rhiw Ddu, yn dod draw o'r fferm ar yr ochr draw i'r hewl. Fe fydde hi wastod yn cario fflash-lamp drom, hir, ar ei ffordd adre yn y tywyllwch, rhag ofn y bydde bois yn dod mas o dafarn y Derlwyn a mynd yngafel â hi. Am dros ddeng mlynedd ar hugain fe wna'th hi obeithio. Ond ddigwyddodd dim. O'n nhw i gyd yn gwbod am y tortsh. Un slamad â honna a fe fydde'n ddigon i newid eu personoliaeth nhw am byth!

Ond fe fyddwn i'n clywed llawer o bethe o dan y ford. 'Chi wedi clywed am Mrs Evans?' Ac wedyn fe fydden nhw'n siglo'u penne a chlicio'u tafod, 'Twt-twt-twt-twt.' Fe fues i flynyddoedd cyn deall beth o'dd ystyr y 'twt-twt-twt-twt'. Ond erbyn hyn rwy wedi dod i'w joio fe'n hunan.

CAERDYDD

Pan dda'th hi'n amser mynd i'r coleg fe wnes i benderfynu mynd i Gaerdydd. O'wn i ddim yn gwbod yn iawn beth o'wn i am fod. Do'dd dim llawer o ddewis o swyddi. Yn yr ysgol ramadeg dim ond tri dewis o'dd ar ga'l – mynd i'r Brifysgol, mynd i ysgol feddygol neu fynd i goleg hyfforddi i fod yn athro. Os o'dd rhywun am fod yn rhywbeth arall, ro'dd e'n cael ei gyfrif fel rhywun o'dd yn achosi trafferth i'r system.

Fi, John 'bach' Davies, Ystradowen, Mrs Dyer a Bob Morgans, Maerdy, yn y coleg.

Felly dyma ddewis mynd i'r coleg yng Nghaerdydd. Ymarfer corff o'dd y prif bwnc yno. Camgymeriad o'dd hynny gan nad ydw i'n fachan corfforol. Daearyddiaeth o'dd fy mhwnc i. Ond ro'dd y coleg, wrth gwrs, yn rhyw ganolfan *Spartan*. Ymarfer corff o'dd y pwnc pwysica. Fe fydde'r myfyrwyr yn whare gemau mawr yn erbyn St Lukes a Loughborough yn ystod y flwyddyn. Ond rhyw fyfyriwr cyffredin o'wn i, yn un o ddim ond un myfyriwr ar bymtheg o'dd ddim yn canolbwyntio ar ymarfer corff.

Pan gychwynnon ni rwy'n cofio'r dirprwy-brifathro yn mynd â ni mewn i'w stafell ac yn dweud fod dau beth na fedrai ddygymod â nhw, myfyrwyr o'dd ddim yn gwneud ymarfer corff, a menywod. 'Fel y math o fyfyrwyr sy ddim yn cymeryd addysg gorfforol, rwy'n mawr obeithio na wnewch chi i'r coleg yma edrych yn anniben,' medde fe. Rwy am i chi gymryd esiampl oddi wrth Peter Radford a Dewi Bebb sy wedi bod yma o'ch blaen chi.'

A dyna'n rhoi ni yn ein lle. Yn amlwg, rhyw greaduriaid nad o'dd cweit i fyny at y marc oedden ni. Ond whare teg i'r bois, ar ddiwedd y flwyddyn gynta fe ddewison nhw fi i'w cynrychioli nhw yn yr ail flwyddyn. Ac erbyn y drydedd flwyddyn ro'wn i'n Llywydd y Myfyrwyr. Tra o'n i yn Llywydd y Myfyrwyr yng Nghyncoed ro'dd yna foi arall yn Llywydd y Myfyrwyr lawr yng Ngholeg y Brifysgol yng Nghaerdydd. Ei enw fe o'dd Neil Kinnock. Fe aeth e ychydig bach yn bellach na fi.

Ond fel cynrychiolydd y myfyrwyr y gwnes i ddechre siarad yn gyhoeddus, yn fwy na dim. Mynd o gwmpas y wlad i wahanol golegau a phrifysgolion a gwahanol gyfarfodydd yn siarad dros y coleg ar ryw bwnc o'dd wedi codi. Felly, dyna lle dechreuodd popeth, mwy neu lai. A hefyd ro'dd angen annerch yn ystod ymarfer dysgu. Roedden ni i gyd yn gorfod rhoi rhyw fath o ymateb ar ôl dod 'nôl i'r coleg. Ro'dd angen sgrifennu lan o dan wahanol benawdau, rhagarweiniad, cyflwyniad, offer, prif gorff, diweddglo'r wers. A roedd angen gwneud i'r wers bara am hanner awr. A rwy'n cofio bod gyda dosbarth mewn ysgol

41

gynradd yn cyflwyno gwers ar gwningen. O'n i wedi ca'l benthyg cwningen wedi'i stwffio o'r amgueddfa yng Nghaerdydd ac ar ôl chwarter awr o'n i wedi cwpla popeth o'dd gyda fi i ddweud wrthyn nhw am y gwningen 'ma. Does dim llawer iawn allwch chi ei ddweud am gwningod, oes e? A nawr, ro'dd angen llenwi chwarter awr arall. A dyma fi'n gofyn i'r disgyblion dynnu llun cwningen. O fewn dwy funud ro'n nhw wedi cwpla gwneud hynny. Wel, beth nesa? A dyma ofyn iddyn nhw nawr dynnu llun letysen a charotsen a chwt cwningen. Unrhyw beth i lenwi'r chwarter awr. A dyna ble ddechreues i ga'l pobol i wherthin.

Fe wnes i fwynhau fy nghyfnod fel Llywydd y Myfyrwyr. Ro'dd e'n anrhydedd mawr, er nad o'wn i'n teimlo hynny ar y pryd.

*   *   *

Llywydd y myfyrwyr. Yr is-lywydd oedd Margaret Jones, Ystradgynlais.

Pan wnes i fynd i'r coleg yn 1961, Coleg Hyfforddi Caerdydd o'dd e bryd hynny, a'i gartre mewn hen farics y fyddin Americanaidd yn ardal yr Heath. Daearyddiaeth o'dd fy mhrif bwnc i, gydag arlunio fel pwnc atodol. Ond fe newidies i hwnnw i hanes pan ddechreuon nhw gynnwys gwau a gwnïo fel rhan o'r cwrs arlunio.

Yn yr un dosbarth hanes â fi ro'dd Lyn Davies, yr athletwr a enillodd Fedal Aur ym Mabolgampau Olympaidd Tokyo. Yn ystod ei drydedd flwyddyn yn y coleg y dechreuodd e fynd mas gyda Meriel, a ddaeth wedyn yn wraig iddo fe. Merch hyfryd.

Ro'dd yna un cymeriad yn y coleg o'dd o Rydaman. Ei enw fe'n llawn o'dd Thomas Gilmour Nimrod Jones. *Spots* o'dd 'i lysenw fe. A *Spots* o'dd ein pencampwr yfed ni. Ar ddiwedd gêm rygbi bwysig fe fydde yna ganu mawr ac yna fe fydde yna gystadleuaeth yfed peints. Ac ro'dd *Spots* yn un da. Ond fe gollodd e yn erbyn St Lukes. Er iddo fe gladdu peint mewn 3.4 eiliad, ro'dd y boi arall yn gyflymach.

Fe wnes i whare dros y coleg ddwywaith neu dair. Ro'dd yno dîm cynta, ail dîm a thrydydd tîm. Fe fydde'r chwaraewyr i gyd yn gwneud ymarfer corff a'r rhan fwya wedi whare dros Gymru ar lefel ysgol a than ddeunaw. Ro'dd yna fois talentog fel Tony Grey a John Lloyd. Ond ar un adeg fe drawyd y coleg gan y salwch *gastroenteritis* a bu'n rhaid dewis unrhyw un o'dd heb ddal y salwch neu a o'dd yn digwydd crwydro'r coridorau. A dyna sut wnes i whare dros y trydydd tîm!

Gilmour Jones a fi ar blatfform stesion Abersychan.

43

Ar ddiwedd y tair blynedd a'r bois yn dathlu cwpla'u cwrs dyma ni'n casglu gyda'n gilydd – neb o'r merched, gyda llaw – a'r bachan 'ma wedi dod o hyd i ffilm, *strip film*. Wel diawch, o'dd hi'n ffilm ddof iawn wrth edrych yn ôl. Ond fe welson ni'r ffilm tua ugain o weithiau. Ac fel o'n ni'n meddwi, o'dd hi'n dishgwl yn well bob tro! O'dd dim llawer i'w weld, rhywbeth digon tebyg i lunie allan o'r cylchgrawn *Health and Efficiency*, rhywbeth y byddwn i'n ei brynu ar y slei yn yr *arcades* yn Rhydaman yn nyddiau ysgol. Tynnu gwelltyn fydden ni, a'r bachan o'dd yn tynnu'r gwelltyn cwta o'dd â'r cyfrifoldeb o brynu'r cylchgrawn. O'dd dim llawer i'w weld yno. O'dd y menywod yn dodi plastar dros y llefydd gofalus i gwato beth o'dd gyda nhw.

* * *

Bois o'r drydedd flwyddyn a'r flwyddyn gynta' yng Nghaerdydd.

44

O sôn am Gaerdydd, mae'n rhaid cyfeirio at yr hen Barc yr Arfau a'r *North Stand* yn arbennig. Nid y maes cyn Stadiwm y Mileniwm, wrth gwrs, ond yr un cyn hynny wedyn. Fe fydde pawb ohonon ni'n gwneud ein gorau i ga'l tocyn i'r *North Stand*. O'dd dim llawer o eisteddleoedd yn bodoli ond fe fydden ni'n ca'l tocyn yn aml. Fe fyddwn i'n nabod rhywun o'dd yn nabod rhywun o'dd yn nabod rhywun o'dd yn ddeintydd yn Rhydaman a o'dd yn digwydd bod yn aelod o Bwyllgor Undeb Rygbi Cymru. Ro'dd yna ryw ddirgeledd, rhyw *mystique* rhyfedd yn perthyn i'r holl fusnes yma o ga'l tocyn.

Bill Clement o'dd Ysgrifennydd yr Undeb bryd hynny a fe wnes i ddechre sgrifennu ato fe a chadw i wneud hynny dros y blynyddoedd. A phan wnaeth e ymddeol fe wna'th e sgrifennu ata i yn gofyn a o'dd gen i ambell stori fedre fe'i defnyddio yn ystod ei araith yn ei ginio ffarwél.

Yr un fydde'r drefn bob tro, fi'n sgrifennu ato fe yn gofyn am docyn stand, hala siec agored ac amlen wedi'i stampio a'i chyfeirio ata i. Fe fyddwn i'n pwysleisio bob tro nad fi o'dd yn mo'yn y tocyn ond wncwl i fi o'dd wedi colli 'i fraich yn y Somme ac wedi colli'i goes yn Dunkirk ac yn ei cha'l hi'n anodd iawn sefyll ar 'i draed. Felly, os fydde modd ca'l tocyn iddo fe, yna fe fyddwn i'n ddiolchgar dros ben. Ac os o'dd dau docyn ar ga'l, yna fe fyddwn i'n fwy diolchgar fyth gan y medrwn i, wedyn, eistedd yn ei ymyl e a'i gynorthwyo pan fydde angen.

Fyddwn i byth yn derbyn llythyr yn ôl oddi wrth Bill Clement. Ond, whare teg, fe fyddwn i'n derbyn un tocyn stand bob tro. O'dd e'n gwbod yn iawn ma' whare tric o'wn i. Ond eto i gyd fe ges i docyn i bob gêm am dair neu bedair blynedd drwy ddefnyddio'r system yna.

Yn yr hen ddyddie, wrth gwrs, fe fydde'r *North Stand* yn stecs o gefnogwyr. Rwy'n cofio Bob, ffrind i fi, wedi ca'l ei wthio gymaint fel iddo fe ga'l 'i droi rownd nes bod 'i gefen e at y cae. A bachan yn ei wynebu fe'n dweud, 'Paid â becso. Os golli di rywbeth fe gei di'i weld e ar y teli fory.' O'dd hi mor llawn yno, os o'dd rhywun uwch ein penne ni'n piso mewn potel, fel o'dd

45

yn dueddol o ddigwydd yn y *North Stand*, a rhywun wedyn yn digwydd cico'r botel yn ystod y cyffro, fe fydde'r piso'n disgyn lawr droston ni i gyd. Ond waeth pa mor glòs at ein gilydd oedden ni, fe fydden ni, o weld y piso'n disgyn, yn llwyddo i greu bwlch i osgoi'r diferion.

Mae gen i hiraeth am hen Barc yr Arfau. Mae'r holl drefniadau lletygarwch corfforaethol a'r system o ddosbarthu tocynnau wedi troi'r gemau rhyngwladol braidd yn ddi-liw gan ymdebygu i Henley, Wimbledon neu Ascot. Bod yno sy'n bwysig i bobol bellach yn hytrach na'r hyn sy'n digwydd.

Rwy'n cofio yn ystod yr ail flwyddyn yn y coleg, tua 1963, a phopeth wedi rhewi'n gorn am tua tri mis. O'dd hyd yn o'd y llyn wedi rhewi, a hynny mor galed ro'wn i'n medru cerdded drosto fe a hyd yn oed whare rygbi arno fe.

Yr adeg honno fe fydden ni'n mynd lan yn gang i weld Cymru yn whare yn Twickenham. Mynd ar y trên, a byth ddigon o le i ishte lawr. Cyrraedd ar y noson cyn y gêm a mynd mas am gwpwl o beints, wrth gwrs. A chysgu wedyn ar lawr rhywun.

Ond y flwyddyn honno pan o'dd hi'n oer ofnadwy a finne a Bob, ffrind i fi, yn cysgu ar lawr rhyw fyfyriwr o'dd wedi mynd lan i astudio i Lunden, fe ges i brofiad ofnadwy. Dyna lle'r o'wn i, yn ofni cysgu. O'dd hi mor oer, a finne wedi darllen yn rhywle taw'r ffordd fwya cyffyrddus i farw o'dd drwy ga'l eich dal gan oerfel. Yn ôl yr hyn wnes i ddarllen, ro'dd rhywun yn mynd mor oer fel ei fod e, yn y diwedd, yn mynd i deimlo'n gynnes. A dyna'r arwydd fod rhywun ar y ffordd mas. Felly, wrth orwedd ar y llawr yn Llunden, dyna lle'r o'wn i yn ceisio aros ar ddihun. Ond yr hyn na wyddwn i o'dd fod Bob ar ddihun hefyd. O'dd 'y nannedd i'n ratlan gym'int o'wn i ddim yn clywed dannedd Bob drws nesa yn gwneud yr un peth.

*   *   *

Ar ddiwedd fy mlwyddyn gynta rwy'n cofio mynd mas i ddathlu fy mhen-blwydd cynta yn y coleg. Yfed cwpwl o beints. Gormod, a bod yn onest. Cerdded 'nôl wedyn drwy ganol y ddinas i ddal y Rhif 42 lan i Allensbank Road yn yr Heath. Dyna lle'r o'wn i wrth ymyl y Friary Gardens, heb fod yn bell o'r castell, a gorfod i fi hwdu mewn i'r gerddi. Ond dyma'r bŷs yn dod, a ninnau'n gorfod rhedeg i'w ddal e. Ond wrth i ni gyrraedd dyma un o'm ffrindiau'n sylweddoli fy mod i heb fy nannedd. O'dd, ro'dd y set ucha wedi diflannu! Rhedeg 'nôl, a dyna lle'r o'dd y dannedd ar ben y berth. Rhedeg eto i ddal y bŷs. Cyrraedd Allensbank Road a char yr heddlu'n arafu a llais yn galw arnon ni i ymddwyn yn weddus. Yna, cyrraedd y tŷ a John Davies, o'dd yn siario stafell gyda fi, yn mynd â fi at y sinc. Finne'n gafael yn y ddau dap dŵr. Dyna'r unig ffordd fedrwn i sefyll lan. John, wedyn, yn gorfod tynnu 'nillad i er mwyn i fi fynd i'r gwely. Ond fe fu'n rhaid i fi sefyll fan'ny, yn dal gafael wrth y tapiau dŵr, am bedair awr, cyn sobri.

O'dd John Davies, gyda llaw, yn fewnwr da iawn a fu'n aelod o dîm y Cymry yn Llunden pan o'dd rheiny yn cynnwys y sêr. O'dd John hefyd yn whare gyda Gwilym Treharne pan o'dd y ddau yn Ysgol Ramadeg Rhydaman, y naill yn fewnwr a'r llall yn faswr.

Ro'wn i yn y coleg mewn cyfnod pan o'dd pethe'n dechre newid. Pan o'wn i yn yr Heath a Chyncoed o'dd y bechgyn yn gorfod cadw at eu hystafelloedd nhw ar un ochr i'r campws a'r merched yn gorfod glynu at eu stafelloedd nhw ar yr ochr arall. Ac fe gychwynnwyd ar ryw fath o arbrawf. Fe gafodd y bechgyn yr hawl i fynd i stafelloedd y merched a'r merched i stafelloedd y bechgyn ddwywaith yr wythnos. Ro'dd hyn yn ca'l ei ganiatáu am ddwyawr ar brynhawn dydd Sul ac am awr a hanner ar nos Fercher. O'dd y ddau gyfnod yn union ar ôl cinio ar brynhawn dydd Sul ac ar ôl cinio nos ar nos Fercher. Am ddau o'r gloch brynhawn Sul ac am hanner-awr-wedi-saith ar nos Fercher ro'dd hi fel petai pawb yn disgwyl sŵn tanio pistol i gychwyn ras.

Weithiau, wrth gwrs, fe fydden ni'n torri'r rheolau ac yn mynd yn slei bach i stafelloedd y merched yn hwyr y nos. A dyna lle bydden ni'n trafod daearyddiaeth Mongolia a sefyllfa economaidd Tseina! I ddod oddi yno, yn ystod oriau mân y bore,

Fi, Trevor Light a Lyn Jones, Ystalyfera, yn dychwelyd drwy'r goedwig.
Llety'r myfyrwyr sy yn y cefndir.

fe fydde'n rhaid dychwelyd drwy'r goedwig neu, os o'ch chi'n ddigon dewr, lawr y llwybr. Fe fydden ni'n gweddïo na fydde un o'r tiwtoriaid yn sbio mas drwy'i ffenest. Ond ro'dd gen i dric bach i wneud yn siwr na chawn i fy adnabod – gwthio siwmper lan fy nghefn o dan fy nghrys a chloffi wrth gerdded fel fy mod i'n ymdebygu i'r *Hunchback of Notre Dame*!

*   *   *

Tra o'wn i'n fyfyriwr fe fues i, yn ystod misoedd yr haf, yn gweithio i Gyngor Dosbarth Gwledig Llandeilo. Ro'dd y ganolfan yn Llandeilo ei hun felly ro'dd hi'n cymryd tua deugain munud i gyrraedd yno o Frynaman. Ac erbyn casglu'r offer a theithio mas i Gaeo neu Gil y Cwm fe fydde hi'n amser brecwast cyn inni ddechre. Gweithio wedyn am ddwyawr, a dyna hi'n amser cinio. Rhyw awr a hanner o waith wedyn a fe fydde hi'n bryd troi am adre.

Ro'dd ambell i gymeriad arbennig yn gweithio gyda ni. Dyna i chi Trefor Williams, y fforman. Fe fydde ganddo fe bob math o gynghorion ar ein cyfer. Cloddio twll, er enghraifft. Os fydden ni'n cloddio twll ar lechwedd, yna fe ddylen ni dowlu'r pridd i fyny'r llethr. Wedyn, wrth gau'r twll 'nôl, fe fydde hi'n haws llanw'r pridd 'nôl mewn. Synnwyr cyffredin.

Rwy'n cofio ca'l sgwrs wedyn â Gareth Jones. Gareth o'dd fy ngwas priodas i. Bellach mae e'n brifathro Ysgol Llambed. Ac er ein bod ni'n hollol wahanol, fe yn fachan y capel tra 'mod i'n fachan y clwb, mae'r ddau ohonon ni wedi dod ymlaen yn nêt gyda'n gilydd. Ro'dd Gareth a finne a John Davies, bachan a ddaeth wedyn yn ffisigwr mygedol Undeb Rygbi Cymru, wrthi'n gweithio yn y clawdd un diwrnod. A fe aeth hi'n ddadl. Y pwnc o'dd, a o'dd hi'n haws caru'n Gymraeg na charu'n Saesneg? Fe ddaethon ni i'r penderfyniad ei bod hi'n haws caru'n Saesneg. Pam? Wel, o fynd i'r pictiwrs ym Mrynaman fe fydden ni'n cymryd ein harweiniad oddi wrth sêr y sgrîn. 'I love you', neu 'I want you' a phethe fel'na. O'dd hi'n fwy anodd ca'l

Gareth Jones yn rhoi araith y 'best man'.

49

y geiriau mas yn Gymraeg. Ac erbyn i ni lwyddo i ga'l y geiriau mas fe fydde'r teimlad wedi pasio.

Lle arall y buon ni'n gweithio ynddo fe o'dd Ffairfach, sy ar draws yr afon o Landeilo. Ar y sgwâr mae 'na gyfleusterau cyhoeddus. A fi a'r bois wna'th gloddio'r safle ar gyfer gosod y seiliau. Dyna un hawl i enwogrwydd sy gyda ni fel gang.

Trefor o'dd y bòs, wrth gwrs. A o'dd ganddo fe syniadau digon modern am y berthynas rhwng gŵr a gwraig. Yno y bydden ni'n bwyta'n brechdanau a Trefor yn sôn amdano'i hun, ar ôl priodi, yn mynd bant i'r Rhyfel am chwe blynedd heb fod adre o gwbwl. A phetai'r wraig, medde fe, wedi ca'l rhyw fath o gelcen gyda boi arall, fydde dim ots gydag e – cyn belled â'i bod hi ddim yn dweud wrtho fe.

Ro'dd e'n honni iddo fe ymladd ei ffordd i fyny coes yr Eidal gyda dim ond dau air o Eidaleg, *'Quante lire?'* Neu, yn Gymraeg, 'Faint yw e?'

*   *   *

Tra o'wn i yn y coleg fe wnes i whare rygbi dros Senghenydd. Yn nes ymlaen fe fues i'n athro ysgol yno.

Ma' Senghenydd yn enwog am y rhesymau anghywir. Ddwywaith mewn hanes fe fu yno drychineb yn y gwaith glo ac ar 14 Hydref, 1913, fe laddwyd 439 o ddynion a bechgyn.

Ma' Senghenydd yn gorwedd mewn dyffryn sy ddim yn arwain i unlle yn arbennig. Ond o deithio ar hyd hewl y mynydd tuag at Nelson fe welwch chi olygfeydd gwych. Yn y gaeaf mae'r ffordd yn dueddol o gau yn gyflym iawn os daw eira.

Ro'dd yr ysgol ar ochr y mynydd ond bellach mae 'na adeilad newydd sy'n sefyll bron iawn ar safle'r hen lofa, yr Universal. Ar y safle heddi ma' 'na garej bysys a melin goed.

Tra o'wn i yn y coleg dyma glywed fod Senghenydd yn brin o chwaraewyr. Fe wnaethon nhw gysylltu â'r coleg i apelio am chwaraewyr sbâr. Ro'wn i'n chwaraewr sbâr iawn. Do'dd ar neb fy angen i whare yn y coleg. Ac yma mae'n rhaid i fi wneud cyfaddefiad. Tra o'n i'n whare dros Senghenydd yn 1962 fe fyddwn i'n derbyn tâl o 7s 6d. Arian teithio o'dd hwn yn swyddogol. Ond fe fydde'r Undeb Rygbi yn ei ystyried yn *boot money*. Dim ond ddwywaith wnes i whare, gan dderbyn 7s 6d ddwywaith. Ro'dd y si ar led fod y clwb wedi cynnig talu 10s 6d i fi am gadw draw.

Mae gen i ffrindiau da yn Senghenydd o hyd ac fe fues i 'nôl yn ddiweddar ar gyfer carnifal y pentre.

*   *   *

Er mwyn teithio 'nôl i'r coleg ar nos Sul, ar ôl bod adre am benwythnos, fe fyddwn i'n dal bỳs o Frynaman i Waun-cae-gurwen. Ma' modd dal bỳs o Waun-cae-gurwen i unrhyw le yn y byd. Dim ond i rywun ga'l y cysylltiadau iawn. Fe fyddwn i'n dal y *Western Welsh* wedyn o'r Waun i Gastell-nedd. Yno fe fyddwn i'n dod bant o'r *Western Welsh* a neidio ar yr *N&C*. Bysys lliw brown o'dd rheiny. Do'n nhw ddim yn stopo ymhobman. Fe fydden nhw yn hytrach yn mynd yn syth i Borth Talbot, yna ymlaen i Ben-y-bont, i'r Bontfaen ac yna i mewn i Gaerdydd.

Weithiau fe fydde'r bysys yn llawn dop. A'r dydd Sul rwy'n ei gofio orau o'dd hwnnw pan eisteddodd merch o'r enw Mari, a o'dd ar ei ffordd yn ôl i Goleg y Barri, yn fy nghôl i am fod y bỳs yn llawn. Allen i ddim gwneud hynny nawr gan na fyddai'r gwaed yn medru cyrraedd fy mhigyrnau i! Ond fe ddeilliodd ambell i ddêt o'r siwrne honno. Ond dyna fe, os na all rhywun lwyddo i ga'l dêt gyda merch sy'n eistedd yn ei gôl e yr holl ffordd o Gastell-nedd i Gaerdydd, pa obaith sydd ganddo fe?

Mae hi'n amlwg i chi bellach fod gen i gryn dipyn o ddiddordeb mewn bysys, a hynny wedi bod erioed gan fod Nhad yn arfer gweithio yn garej James lle'r o'dd yna nifer o *double-deckers*.

Mae bysys un cwmni yn arbennig fel petaen nhw wedi bod yn fy nilyn i yn ystod fy mywyd. Bysys Glantawe yw'r rheiny. Ma' nhw'n dueddol i ymddangos yn fy mywyd i byth a hefyd. Rwy'n

Parti Nadolig Bysus James Rhydaman. Fi sy yn y gardigan zip.

cofio eistedd mewn caffi yn Llunden gydag Elaine. Yn sydyn iawn dyma fỳs yn tynnu lan tu fas. Bỳs Glantawe.

Lan yng Nghaeredin wedyn a sefyll wrth y castell. Beth droiodd lan? Ie, bỳs Glantawe. A mas yn yr Almaen wedyn yn ymweld â ffrind yn Kassel. O'wn i wedi bod ar daith drwy Bafaria, draw i Awstria a 'nôl. Wedyn, ar y ffordd adre, dyma gyrraedd Stuttgart. O'wn i wedi bod yn darllen enwau Almaeneg ar arwyddion ers rhyw dair wythnos ac ym maes parcio gwesty arbennig dyma fi'n gweld bỳs ac enw rhyfedd iawn arno fe. Glantawe. A meddwl, shwd ma' ynganu hwn mewn Almaeneg? Sylweddoli wedyn nad enw Almaeneg o'dd e ond enw Cymraeg! A dyma fynd i mewn i'r gwesty. Yno ro'dd llond y lle o ymwelwyr o Ystradgynlais. O'wn i'n adnabod rhai ohonyn nhw. Ond mae bysys Glantawe fel petaen nhw yn whilo mas amdana i. Ac ma' nhw'n fy nilyn i.

Ond i fynd 'nôl i Gastel-nedd. Un peth am Gastell-nedd, pan fyddwn i angen siwt, boed honno'n siwt angladdol neu yn un briodasol, i Gastell-nedd y byddwn i'n mynd os na chawn i lwc yn Abertawe. Ac mae 'na farchnad neilltuol iawn yng Nghastell-nedd. Ac os ewch chi i gefn y farchnad fe welwch chi nifer o hen gaffis bach ochr yn ochr. Ma' nhw yno o hyd. Ac yno fydde Mam a fi yn mynd i ga'l ffagots a phys bob tro y bydden ni'n mynd i'r dre. Ac ar ôl hynny, naill ai darten falau neu darten riwbob gyda chwstard.

O fynd i Gastell-nedd yn blentyn ym mis Awst fe fydde ffenestri'r siopau i gyd yn orlawn o ddillad ysgol. Ac fe fydde hynny'n fy atgoffa i fod yr ysgol ar fin agor eto ac mai dim ond ychydig wythnosau o'dd ar ôl o wyliau haf. Ro'dd bod yno yn un ar ddeg oed yn achosi tipyn o gryndod. Gweld yr iwnifforms ar gyfer yr ysgol fawr yn y ffenestri a gwbod 'mod i'n mynd i gymryd cam arall ymlaen mewn bywyd.

*   *   *

Fe fydde Mam yn prynu ambell siwt i fi yn Abertawe hefyd. Y lle cynta i fynd iddo yn Abertawe o'dd y Windsor Café. Yno ro'dd pawb o'r merched o'dd yn gweini yn gwisgo mewn du a gwyn. Fyddech chi byth yn ca'l dishgled yno. Yn hytrach fe fyddech chi'n ca'l pot o de, *silver service,* wrth gwrs. Ond fyddwn i byth yn leico siario'r ford gyda Mam. Fe fydde hi wastod yn edrych ar fwyd rhywun arall a dweud yn ddigon uchel i bawb glywed, 'Fe ddylwn i fod wedi ordro hwnna.' Mantais fawr fydde mynd ag Wncwl Thomas gyda ni. Bryd hynny fe fydden ni'n siwr o ga'l pryd mwy na'r arfer achos fod y merched o'dd yn gweini i gyd yn ei ffansïo fe.

Prin iawn fydde fy ymweliadau â Bae Abertawe pan o'wn i'n blentyn. Ro'dd y traeth yn iawn ond fe fydde'r môr ymhell, bell i ffwrdd fel rhyw orwel na fedrwn i byth mo'i gyrraedd. Fedra i gofio croesi'r bont haearn ar draws ffordd y Mwmbwls a'r cloc blodau a'r gerddi islaw'r bont.

Fe fydden ni'n treulio'r dydd ar y traeth heb unwaith fynd i'r môr, oherwydd y pellter. Beth bynnag, tua dau-can llath cyn cyrraedd y môr fe fyddwn i'n suddo hyd fy mhen-gliniau yn y llaid seimllyd.

Ond ni fyddai'r diwrnod yn llawn heb daith ar Reilffordd y Mwmbwls. Fe fu cau hon yn drychineb. Yn y dyddiau hynny fe fydde rheilffordd fawr hefyd yn rhedeg ar hyd yr arfordir yn arwain tua'r gorllewin. Ac un olygfa na wnaiff fyth ddiflannu o'm cof yw gadael hen orsaf Fictoria ar y trên ac wrth inni fynd heibio i Garchar Abertawe ro'dd un o'r carcharorion wedi gwthio'i fraich allan drwy farrau ei gell. A dyna lle'r o'dd e yn chwifio macyn gwyn wrth i'r trên fynd heibio. Hyd yn oed bryd hynny, a finne ond yn fachgen, ro'dd hi'n olygfa drist. Rwy wedi meddwl droeon pwy o'dd e, tybed.

Yn ymyl Abertawe mae Ysbyty Treforys, a rwy'n cofio mynd yno i weld Dad-cu yn y dyddiau hynny pan mai'r Metron o'dd y bòs. O'dd dim hawl ca'l mwy na dau ymwelydd wrth bob gwely. A do'dd dim hawl o gwbwl i blentyn ga'l mynd mewn i weld neb. Fe fydde'n rhaid dal plentyn i fyny y tu allan i'r ffenest er mwyn i'r claf ga'l ei weld e.

Fe fues i fy hunan yn glaf yn Ysbyty Treforys ar ôl cwmpo o ben to Ysgol Brynaman. Ar y dechre ro'dd ofnau fy mod i wedi torri dwy fraich a choes ac wedi dioddef niwed i'r ymennydd. Ond, yn y diwedd, ar ôl profion Pelydr X, dyma ganfod mai dim ond y ddau arddwrn o'dd wedi torri. Beth o'wn i'n ei wneud ar ben to'r ysgol? Cwestiwn da. Ond dw i ddim yn bwriadu ateb!

Y profiad gwaetha o'dd gorfod dygymod â'r ffaith fod gen i ddau arddwrn mewn plastr ac yn methu gwneud unrhyw beth dros fy hunan am chwe wythnos. Y tro cynta i fi glywed rhywun yn gweiddi am botel ganol nos o'wn i'n methu â deall pam o'dd e mor awyddus i yfed rhywbeth ar yr adeg honno. Wedyn wnes i ddod i ddeall nad potel ar gyfer torri syched o'dd ar ei feddwl e! A dyna pryd y dysgais i ddal 'nôl. Pan o'dd yr awydd i ddefnyddio'r botel yn dod fe fyddwn i'n ymladd yn ei erbyn. Ro'dd y peth yn embaras llwyr. Fedrwn i ddim defnyddio'r botel heb help gan rywun arall oherwydd bod fy nau arddwrn i mewn plastr.

Fe ges i fy ngosod mewn siaced wely o'dd yn clymu lan yn y cefn, profiad uffernol. Ac o droi yn y gwely fe fydde'r siaced yn mynd un ffordd a finne y ffordd arall. Ac ar ddydd Sul fe fydde merched o'r un oedran â fi ar brofiad gwaith yn dod mewn i gymoni'r gwely. Dyna lle bydden nhw'n tynnu'r dillad 'nôl a finne'n gwisgo dim byd ond gwên. Ar y pryd ro'wn i'n bedair ar ddeg oed, yr oedran pan wnes i ddechre gwerthfawrogi nyrsys. Pam? Wel, am eu bod nhw'n dyner. Ond mae gen i ryw deimlad hefyd fod yr iwnifforms â llawer i wneud â'r peth!

Ond y profiad gwaetha oll yn ymwneud ag ysbyty o'dd mynd 'nôl yno i weld Mam pan o'dd hi'n diodde' o *Alzheimers*. Wn i ddim beth wnaeth achosi'r salwch. Fyddwn i wedi betio y gwnâi Mam bara i'w hwythdegau. Mae ei ffrind, Phyllis, a o'dd wastod yn dost, yn fyw o hyd.

Rwy'n cofio Mam yn mynd mewn i Ysbyty Glanaman. A o'dd hi siwr o fod yn sylweddoli fod rhywbeth yn bod arni hi. Fe ddechreuodd hi lefen ac ochneidio, llefen ac ochneidio am dros awr. Fedrwn i ddim gwneud dim iddi dawelu. O'dd e'n brofiad uffernol.

Fe ddigwyddodd yr un peth i fy mam-yng-nghyfraith. O'dd hithau yn diodde o *Alzheimers* a *senile dementia* yr un adeg. O'dd hi'n aros gyda ni a o'dd yn rhaid ei gwylio hi byth a hefyd. Fe

Mam (yn y ffrog streips) a Mam-yng-nghyfraith, ar adeg hapusach.

55

fydde hi'n codi am chwech o'r gloch y bore a gwisgo chwe ffrog, dwy het, falle, a chario dau neu dri bag llaw a mynd allan i siopa.

Pan o'dd Mam yn wael ro'dd Thomas ac Illtud hefyd yn byw gyda ni ac Illtud, druan, yn dost heb fod neb yn gwbod. A fe fuodd e farw bythefnos ar ôl Mam. Dau angladd o'r un tŷ mewn pythefnos gan adael dim ond Thomas ar ôl.

Ond Mam, druan, a'i meddwl hi'n dechre newid. O'dd hi wedi ca'l ei tharo yn ei phen gan ddrws car a gafodd ei chwythu gan y gwynt. O'dd hi'r math o fenyw na fydde byth yn mynd at y doctor tan fydde hi wedi gwella. Wedyn fe âi hi at y doctor a gofyn beth o'dd wedi bod arni.

Nawr, wrth edrych 'nôl, mae hi'n bosib mai clefyd y siwgwr wna'th gychwyn y cyfan. Ond o'dd e'n brofiad ofnadwy i weld y newid ddigwyddodd i Mam, a hithau wedyn yn marw'n fenyw ifanc, yn ei chwedegau. A'r tristwch yw iddi golli cymaint a fydde wedi gwneud iddi deimlo'n hapus, mwynhau gweld Richard, y mab, yn tyfu a mwynhau'r holl bethe lwcus sy wedi digwydd i fi yn ystod fy ngyrfa. A rhai o'r doctoriaid wedyn, yn siarad am Mam fel petai hi ddim yno. Fe fydde hi'n gorwedd ar y gwely ond fe fydden nhw'n siarad drosti. Ro'wn i'n teimlo fel cydio yn eu coleri a dweud wrthyn nhw, 'Hei, Mam yw hon. Siaradwch â hi yn hytrach na fi.' Ac wrth gwrs, ro'dd yna adegau pan fydde hi'n deall yn iawn beth o'dd yn digwydd.

Yn Ysbyty Llanelli unwaith ro'wn i'n methu'n lan â'i ffeindio hi. Ro'dd hi wedi ca'l ei gadael yn y stafell ddydd ond o'dd hi wedi diflannu. O'dd hi wedi disgyn o'r gadair ar y llawr a neb wedi sylwi. Fe wnes i ei chodi hi a mynd â hi 'nôl i'r gwely. Ond fedre hi ddim pasio un ffenest heb stopo i'w glanhau. Yn union fel petai hi'n mynd 'nôl i'r hen ddyddie o lanhau'r tŷ.

Fe fu hon yn adeg drymaidd iawn. Ac yna ar ôl colli Illtud wedyn o'r cancr fe wnes i fynd i aros gyda Thomas am sbel, yr unig un o'dd ar ôl. A rhaid cyfadde i ni yfed tipyn o wisgi fel rhyw fath o *anaesthetic*. Ond dim ond dros dro o'dd rhywun yn medru anghofio.

＊　　　＊　　　＊

Er i fi gysylltu Abertawe yn y dyddie cynnar â'r ysbyty, fe dda'th y lle yn ddiweddarach i olygu llawer iawn i fi gan mai oddi yno y byddwn i'n gwneud y rhan fwyaf o'r gwaith darlledu. Ac mae'r stiwdio yn Heol Alecsandra yn lle enwog iawn. Oddi yno y cychwynnodd Dylan Thomas ddarlledu ac fe ddarlledwyd hefyd *Under Milk Wood* oddi yno. Ond er ei fod e'n adeilad hardd, dyw e ddim yn adeilad da iawn i weithio ynddo, yn enwedig gyda'r nos. Mae ambell i sŵn od i'w glywed yno yn awr ac yn y man. A ddim yn unig gyda'r nos chwaith. Un prynhawn fe ddaeth ysgrifenyddes i mewn ac wrth basio heibio'r swyddfa y drws nesa i'm swyddfa i dyma hi'n gweld Paul, y cynhyrchydd, ac yn ei gyfarch. Gan na wnaeth e ymateb, fe drodd hi 'nôl a cherdded i mewn. Ond do'dd neb yno. Ond ro'dd hi, yn bendant, wedi gweld rhywun yno eiliadau'n gynharach.

Mae'r stiwdio yn ymyl Lle'r Drindod yn Abertawe. Fe fomiwyd yr eglwys o'dd yno adeg y Rhyfel a dim ond cragen o'dd ar ôl. Ac yno, ger Lle'r Drindod, y bydde bỳs *South Wales*

Gydag Owen Money yn Abertawe.

Transport o Frynaman yn stopo pan o'wn i'n blentyn. Freuddwydiais i byth bryd hynny y byddwn i'n gweithio ar draws y ffordd yn stiwdio'r BBC ymhen blynyddoedd i ddod.

*   *   *

Ar ôl mynd drwy'r coleg fe ges i waith dysgu yng Ngwlad yr Haf. Ond ar ôl cyfnod fel athro ro'wn i'n dal ddim yn siwr ai dyna'r swydd ddylwn i fod ynddi. Ro'wn i'n teimlo fwyfwy i fi fod yn yr ysgol am hen ddigon o amser. Wedi'r cyfan, ro'wn i wedi cychwyn 'nôl pan o'wn i'n bedair blwydd oed a dod mas pan o'wn i'n ddeunaw. Yna, ar ôl tair blynedd yn y coleg, 'nôl i'r ysgol eto fel athro a dyma deimlo fod siwr o fod bywyd yn rhywle y tu allan i'r ysgol. Dyna pryd y dyfnhaodd y teimlad yr hoffwn i fynd yn beilot.

Ac ar ôl dwy flynedd o ddysgu fe wnes i benderfynu mynd i Biggin Hill i ga'l prawf. *Air Crew Selection* o'dd hyn. Fe fues i yno am bedwar diwrnod yn ca'l profion medr, prawf deallusrwydd, prawf meddygol. A rwy'n cofio rhyw ddeugain ohonon ni'n aros yn y stafell yma a phob un ohonon ni'n ca'l potel yr un a gorchymyn i ni biso iddi. Mae deddf tebygolrwydd yn dweud nad yw pawb yn medru piso ar yr un pryd. Fe fues i'n brwydro am chwarter awr. Ond fe fuodd bachan y drws nesa i fi wrthi am ugen munud. Ac wedyn fe dda'th llywiwr mewn; o'dd e am fod yn beilot ac yn ca'l prawf newydd, a o'dd e'n piso'n rhwydd. Ro'dd e'n gyfarwydd â'r pethe yma. O'dd digon yn sbâr gydag e hefyd. A o'dd e'n garedig dros ben. Dyma fe'n gweud wrth y boi yma o'dd yn brwydro yn y ciwbicl arall, 'I say, would you like a drop of mine?' A whare teg, fe ga'dd e ddropyn hefyd. Er, dw i ddim yn gwbod a basodd y ddau.

Ar ôl ambell i brawf fe fydde yna lais fel petai e'n dod mas o'r awyr yn gweud pethe fel, 'Will Mr Morgan go to Room 42. Will Mr Edmondson go to Room 42.' Roedd hynny'n golygu fod y rhain wedi methu rhyw brawf neu'i gilydd a man a man o'dd mynd adre. Ond ro'wn i yno o hyd ar ôl y diwrnod cynta, ar ôl yr ail ddiwrnod, ar ôl y trydydd. A dyma finne'n meddwl, be ddiawl ydw i'n dal yn y fan hyn?

Nawr, o'wn i ddim yn gofyn am fod yn beilot awyren jet gyflym. Fe fydde rhywbeth araf wedi gwneud y tro i fi, rhywbeth fel *Hercules*. Mynd lan i'r aer, dyna beth o'dd yn bwysig. Un fel'na ydw i. Ond rwy'n cofio ca'l fy ngalw o'r diwedd i fynd i Stafell 42. Fe es i yno a dyma fi'n ca'l fy holi am i fi osod ar fy ffurflen gais fy mod i'n diodde o glefyd y gwair. A dyma ga'l gwbod na allwn i ga'l fy nerbyn. Felly dyma fi'n cynnig gwasanaethu mewn llefydd lle'r o'dd y tywydd yn oer. A'i ateb e o'dd, 'Does ganddon ni ddim gwledydd tywydd oer ar ôl yn y Gymanwlad.' Ond fe gynigiodd gomisiwn i fi ar y ddaear. Wel, o'wn i ddim ishe hynna. Rwy'n cofio dod 'nôl ar y trên o Paddington ac yn teimlo'n siomedig dros ben.

Y cwestiwn nawr o'dd beth i'w wneud nesaf? Rhaid, nawr, o'dd whilo am waith. O'dd hi'n anodd ca'l gwaith llawn amser. Dim ond swyddi am dymor, neu hyd yn oed hanner tymor o'dd ar ga'l. Fel hynny o'dd pethe gydag Awdurdod De Morgannwg ar y pryd. Fe ges i fy nanfon yn gynta i'r Bontfaen am ddau dymor i gyflenwi yn lle athro o'dd yn sâl. Ro'dd Ysgol y Bontfaen bryd hynny yn rhyw fath o ysgol fonedd gyda tua

Ysgol y Bontfaen.

59

hanner cant o fechgyn ifenc yn preswylio yno. Ac yno y des i ar draws dau fachan arbennig o'dd yn Llysfeistri. Un o'dd Iolo Davies, un o fois y Clasuron. O'dd e'n sgrifennu papur bob wythnos i'r ysgol, *The Bovion*. Fe ysgrifennodd e hefyd lyfr arbennig, *A Certain School*. Ac fe a'th e ymlaen i ddringo i fod yn brifathro'r ysgol. Ond do'dd e ddim yn hapus iawn yn y swydd a fe gwplodd e'n gynnar.

Y Llysfeistr arall o'dd Wyn Oliver, bachan o Bynea sy bellach yn byw yn Llangennech. Ac er eu bod nhw'n siario stafelloedd, ro'dd Iolo a Wyn yn gwbwl wahanol. Ro'dd Iolo yn ddyn clasurol o'i ben i'w draed. Fe wisgai drowser *cavalry twill*, o'dd yn gorffen rhyw bedair modfedd uwchben ei sgidiau, siaced *Harris Tweed* ac ambell waith gwisgai dei, ond fod honno wedi'i lapio rownd ei ganol i ddal ei drowser lan! O'dd e'n hollol ecsentrig. O'dd Wyn yn fachan bywiog o'dd yn dysgu ymarfer corff. Ro'dd e'n bum troedfedd, pedair modfedd – pan o'dd e'n teimlo'n iach. Fe chwaraeodd e ar yr asgell i Ben-y-bont ac ro'dd e'n chwaraewr saith-bob-ochr da iawn. Fe redodd e dros Gymru hefyd yng Ngemau'r Gymanwlad yn 1956. Fi o'dd ei was priodas e.

Gyda llaw, rwy wedi bod yn was priodas whech o weithiau. A ma' pedwar ohonyn nhw'n dal yn briod. Felly, mae gen i ganran llwyddiant eitha da!

Weithiau, pan fydden i'n mynd mas i ga'l diferyn bach, a phethe'n mynd yn hwyr, fe fydde Wyn naill ai'n rhoi benthyg ei gar i fi i fynd 'nôl i Crossway lle'r o'wn i'n aros, neu'n ffeindio gwely i fi yn y *dorm*.

O'dd 'na nifer o gymeriadau eraill o'dd yn dysgu yn Ysgol Ramadeg y Bontfaen. Ysgol y Bechgyn o'dd hi bryd hynny. Mae hi nawr yn ysgol gymysg. Dyna i chi'r pennaeth Mathemateg. Os o'dd e'n teimlo fel ca'l mwgyn bach fe fydde fe'n gadael y stafell ddosbarth ac yn mynd i stafell y staff. Yno fe fydde fe'n eistedd ar y fath ongl fel y gallai weld i mewn drwy ffenest y dosbarth a chadw golwg ar y disgyblion er mwyn sicrhau eu bod nhw'n ymddwyn yn iawn.

Dyna i chi bennaeth yr Adran Hanes wedyn, hen lanc o'dd yn awdur nifer o lyfrau. Ei arferiad e o'dd nodi pytiau byr wrth farcio papurau, 'gwych', 'da' ac 'anobeithiol'. Do'dd e ddim yn credu mewn gwastraffu geiriau.

Un arferiad yn yr ysgolion lleol, sef Ysgol y Bechgyn ac Ysgol y Merched, o'dd cymharu'r graffiti o'dd ar waliau'r gwahanol dai bach. Y canlyniad ddaethpwyd iddo o'dd fod pethe lawer gwaeth, llawer dyfnach a llawer mwy deallus ar yr un pryd yn nhai bach y merched. Hynny yw, ro'dd hi'n amlwg fod gan y merched lawer mwy o ddychymyg.

Ac mae hynna yn fy atgoffa i o gyngor ges i gan rywun pan wnes i briodi. 'Mae 'na ddau beth, Roy,' medde fe, 'bydd yn ŵr da ond cofia dy fod ti'n setlo dy amser yn strêt ar y diwrnod cynta. Os wnei di hynny fydd gyda ti ddim problem creu patrwm ar ôl hynny. A'r peth arall yw, rho ddigon o sylw i dy wraig. Fel hen lanc rwy wedi colli cyfle gyda menywod. O'wn i'n 65 mlwydd oed cyn bo' fi'n sylweddoli fod menywod yn fy leico i.'

Tra o'n i yn Ysgol Ramadeg y Bechgyn yn y Bontfaen y ces i'r profiad cynta – yn wir, yr unig brofiad – o gysgu mewn pabell. Ar lan Llyn Llangors o'dd hynny.

Dw i ddim yn rhyw Tarzan o foi sy'n mwynhau bywyd rwff yn y gwyllt. Rwy'n fwy o fachan adnoddau *en suite*. Wn i ddim sut fyddwn i wedi dygymod â'r fyddin tawn i wedi gorfod mynd i'r Gwasanaeth Milwrol. Ond ar ôl un noson mewn pabell yn Llangors, heb wely teidi i orwedd arno, fe ddaeth fy nghorff i'n gyfarwydd â phob talp a phant yn y tir. Fe allwn i fod wedi ennill *Mastermind* wrth ateb cwestiynau ar y pwnc arbenigol, 'Talpiau a thyllau ar lan Llyn Llangors'.

Mae'r un peth yn wir am garafán hefyd. Dim ond deirgwaith erioed wnes i gysgu mewn carafán. Un tro o'dd yn y Cei Newydd, tri ohonon ni ar lan Bae Ceredigion. Ashley Thomas o Frynaman o'dd un. Mae e nawr yn anesthetydd ymgynghorol yn Ysbyty Llwynhelyg. O'dd gyda'i rieni fe siop a ro'n nhw'n berchen ar garafán, peth anarferol iawn gan nad o'dd car hyd yn oed gan y rhan fwyaf o'r trigolion.

Dro arall fe wnes i aros mewn carafán gyda ffrindiau lawr yn Sir Benfro. A chredwch chi fi, mae gwyliau mewn carafán yn medru bod yn brawf ar gyfeillgarwch. Wydden ni ddim a fydden ni'n dal yn ffrindiau ar ôl mynd adre. Meddyliwch, treulio dyddiau gyda'n gilydd yn y garafán ac yn methu mynd mas oherwydd glaw di-baid. Bwced wedyn o dan yr adlen er mwyn ateb galwad natur yn y nos. A bob tro fydde rhywun yn defnyddio'r bwced, fe fydde pawb arall yn dihuno. Mae 'na rywbeth yn anghyffyrddus mewn clywed rhywun yn piso yn y nos. Mae e'n mynd 'nôl, rwy'n credu, i ddyddiau'r pot o dan y gwely. Rhywun yn ei ddefnyddio ganol nos a chithau'n ceisio twyllo'ch hunan bo' chi ddim yn clywed.

Yn y gorllewin fues i y trydydd tro hefyd. Cofio cerdded 'nôl ac ymlaen i'r cyfleusterau drwy'r glaw yn y nos. Cario caniau llaeth yn y glaw wedyn. Na, nid dyna'r bywyd i fi.

*   *   *

Y swydd barhaol gynta i fi ga'l ar ôl dychwelyd i Gymru o'dd yn Ysgol Sant Illtud yn Llanilltud Fawr. Ro'dd y disgyblion, gan mwyaf, yn blant i weithwyr yng Nghanolfan yr Awyrlu yn Sain Tathan. A dyna fi, felly, wedi ca'l fy ngwrthod fel peilot yn dysgu plant a oedd, rai ohonyn nhw, yn feibion a merched i beilotiaid.

Fe wnes i ymholiadau am le i aros ac fe ges i wybod mai'r unig le addas oedd tŷ rhyw Mrs Pierce. Enw'r tŷ o'dd The Carriers, tŷ a fu gynt yn dafarn. Yno, fe fydde Mrs Pierce yn cadw pobol dros-nos neu am gyfnod hirach, fel o'dd y galw.

Ro'dd hi'n ddechrau'r tymor, ym mis Ionawr, a o'dd eira ar y llawr. Fe gnociais i ar y drws. Ond do'dd dim ateb. Felly fe es i lawr i dafarn y Swan ar sgwâr y dre. Ac yno ro'dd Mrs Pierce. Fe wnes i ddod i wbod wedyn ei fod e'n arferiad ganddi i fynd yno i yfed dwy botel o *Mackeson's* bob nos.

Fe ges i gwpwl o beints gyda hi. Ond pan gyrhaeddais i 'nôl yn y tŷ, ro'dd y lle yn teimlo'n oer i fi. Yna, yn ystod y nos, fe gododd rheidrwydd i fynd i'r tŷ bach. Digon naturiol, ar ôl cwpwl o beints. Ond i fynd i'r toiled ro'dd angen cynnau naw gwahanol switsh drydan mewn gwahanol fannau – yn y stafell wely, ar y landin, ar y staer, yna lawr staer, yna yn y gegin, mas y bac ac yn y blaen.

Lawr ar waelod yr ardd o'dd y tŷ bach, caban bach digon cyffyrddus ond uffernol o oer. Ac ar ôl mynd 'nôl i'r stafell wely y ces i brofiad o heipocondria. Erbyn hyn rwy wedi ca'l tri phwl i gyd. Ond cyn yr un cynta, wyddwn i ddim beth o'dd heipocondria.

Fe ddechreuodd e wrth i fi benderfynu fod y tŷ yn oer a'r gwely, hwyrach, yn ddamp. Fe feddyliais y gallwn i farw yn y fan a'r lle. Ro'dd gen i fwndel o daflenni yn fy mag, taflenni yn hysbysebu gwyliau yn Majorca ar gyfer mis mêl Elaine a fi. Felly, er mwyn achub fy hunan, fe ddechreuais i rwygo'r tudalennau'n rhydd a'u gwthio nhw i'r bylchau yn y ffenestri. Wedyn fe wisgais i fest o dan fy mhajamas a siwmper rygbi dros y gôt pajamas. Yna gwisgo pâr o sanau rygbi am fy nhraed a chôt fawr dros y cyfan. Wedyn fe wnes i ychwanegu pâr o fenig a gosod cap ar fy mhen. Wedyn dyma fynd i'r gwely a cheisio cadw ar ddihun, fel y gwnes i flynyddoedd cyn hynny lan yn Llunden, rhag i fi farw o oerfel yn fy nghwsg.

Fe wnes i hyn am nosweithiau nes i fi deimlo poenau ymhobman. Ac yn y pen draw fe es i at y meddyg. Hwnnw o'dd y practis cynta i fi fynd iddo erioed lle'r o'dd angen apwyntiad. Fe drefnwyd i fi weld y doctor ymhen pedwar diwrnod. Fe ofynnodd i fi beth o'dd y broblem. A fe wnes i esbonio fod poenau dros fy nghorff i gyd. Fe benderfynodd y doctor na allai hyn fod yn broblem fawr gan fod gen i ormod o boenau mewn gormod o lefydd. Fe benderfynodd y gallai fod yn broblem feddyliol. O'dd rhywbeth yn fy mhoeni i? Fe esboniais fy mod i ar fin priodi.

'Dyna'r ateb,' medde'r doctor. 'Unwaith briodwch chi fe fydd popeth yn iawn. Fe wnewch chi anghofio wedyn am y poenau yma.'

A do, fe ges i bwl arall o heipocondria. A fe wnes i enjoio hwnnw lawn gymaint â'r ddau bwl cynta. Yna fe stopodd y broblem, a hynny wedi i ni ga'l plentyn. Bob tro y cawn i bwl o'r salwch wedyn fe fyddwn i'n becso am fy mab yn hytrach nag amdana i.

Fel rhan o gartre Mrs Pierce ro'dd hen stablau o'r cyfnod pan o'dd y lle yn dafarn. Ac yno y bydde Mrs Pierce yn ymolchi mewn bath enamel, a hynny heb i'r un drws ga'l ei gau. Dim rhyfedd ei bod hi'n fenyw iach. Ro'dd hi'n ca'l bath bron iawn yn yr awyr agored.

*   *   *

Do, fe newidiodd pethe ar ôl i ni ga'l plentyn. Ma'r mab chwe mis yn ifancach na 'marf i. Fe ddechreuais i dyfu barf yn ystod gwyliau ysgol y Pasg 1974. Ac fe'i ganwyd e fis Medi yr un flwyddyn.

'Before and after' yn hanes y barf. Llywydd y Myfyrwyr yn tyfu'n brifathro parchus.

64

Ma' Richard yn dal yn fachan grêt. Dim ond fe sy gyda ni. Do, fe wnaethon ni roi cynnig ar ga'l un arall, gwrando ar gynghorion arbenigwyr o'dd yn deall y pethe 'ma. Fe wnes i roi cynnig ar wahanol ymarferion. A rhoi cynnig hefyd ar ambell i ymosodiad sydyn. Ond dyna fe, un gawson ni a roedden ni'n falch ei ga'l e.

Y teulu bach – Elaine, Richard a fi.

Pan gafodd e'i eni yn Ysbyty Dewi Sant, Caerdydd, fe fues i yno am naw awr gydag Elaine. Dyna lle'r o'wn i a'r gŵn amdana i a'r cap ar fy mhen. Ond gan ei bod hi'n mynd i fod yn enedigaeth *forceps* fe fu'n rhaid i fi fynd mas. Fe ddodon nhw fi mewn rhyw stafell fach gyfagos. Ond ar ôl i Richard ga'l ei eni fe ddigwyddodd rhyw achos brys ac fe ruthrodd y tîm meddygol draw i dendio rhywun arall gan anghofio fy mod i yno o gwbwl. Felly ro'dd Richard bach yn ddwy awr oed cyn i fi ddeall fod gen i ac Elaine blentyn. Yn y diwedd fe ffonion nhw fi i ddweud fod gen i fab. Y peth cynta wnes i ofyn o'dd, 'Odych chi'n siwr?'

'Odyn,' medde'r nyrs. 'R'yn ni'n deall y gwahaniaeth rhwng bachgen a merch!'

Ond do'dd fy nghwestiwn i ddim mor dwp â hynny. Yr hyn o'dd yn fy meddwl i, ac ym meddwl Elaine hefyd yn seicolegol, er y bydde mab neu ferch yn ca'l yr un croeso, o'dd ma' merched o'dd yn dueddol o gyrraedd gynta yn y teulu. O'dd mam Elaine wedi ca'l merch gynta a bachgen yn ail. O'dd ei mam-gu hi wedi ca'l merch gynta a bachgen yn ail. Felly hefyd ei chwaer hi, gwraig ei brawd ac yn y blaen. Fe wnaethon ni dorri ar y patrwm.

Fe dda'th Richard â hapusrwydd mawr i ni. Fe dyfodd a mynd i Ysgol y Bechgyn yn Aberdâr. Yno ro'dd e'n whare'r *cello*. Fe dda'th i fod yn fachwr hefyd yn y tîm rygbi. Ond un peth trist am y sefyllfa o'dd, er iddo fe ga'l ei ddewis i whare'r *cello* gyda Cherddorfa Ieuenctid Morgannwg Ganol, ni chafodd y naill fam-gu na'r llall y pleser o'i weld e'n perfformio.

Ffaith arall sy'n dal i wneud i fi deimlo'n drist yw fod Dad wedi marw cyn i fi ga'l swydd prifathro. Fe fydde fe wedi bod wrth ei fodd yn cal gweld hynny. A chyn i fi ddechre dringo fy ffordd ym myd y cyfryngau fe gafodd Mam, wrth gwrs, ei tharo gan *Alzheimers*.

Ond am Richard, fe lwyddodd e i fynd i'r Brifysgol a dilyn yr un llwybr â fi, gan ddewis daearyddiaeth fel pwnc. Rwy'n cofio amdano fe'n fabi bach yn y gwely, pan fydde fe'n methu mynd i gysgu, fe fydde Elaine yn darllen ambell stori iddo fe i'w helpu e i gau ei lygaid. Ond fe fydden i'n darllen llyfrau daearyddiaeth iddo fe gan ddangos gwahanol lefydd ar y map. Fe fydden i hefyd yn darllen storïau iddo fe allan o lyfrau hanes.

Wnaeth e ddim dilyn Elaine a fi i fyd addysg. A fedra i ddim o'i feio fe am hynny. Fe benderfynodd redeg y bar yn y Brifysgol ac yna ennill trwydded i yrru lorïau trymion a fe fu e'n rhedeg tafarn gyda ffrind. Nawr mae e'n gweithio gyda chwmni internet.

'Dyw Elaine a fi heb newid dim!

Mae'n od, wrth gwrs, pan fo plant yn fach. Ma' nhw'n credu fod Dad yn medru gwneud popeth. Fe ddywedodd Mark Twain, 'Pan o'dd 'nhad yn un ar bymtheg, do'dd e'n gwbod dim. Ond erbyn i fi gyrraedd y tair ar hugain, fe ges i syndod wrth weld faint o'dd e wedi'i ddysgu.'

Do'dd dim diddordeb gan Richard chwaith i fy nilyn i i fyd y cyfryngau. Ond rhaid cydnabod ei fod e'n dipyn o ganwr. Yn ogystal â dysgu'r *cello* mae e hefyd wedi dysgu whare'r gitâr fas. Mae e hefyd yn ganwr ac mae e'n aelod o grŵp pop ar hyn o bryd. Wn i ddim beth fydd y dyfodol. Ond os fydd e'n llwyddiannus, fe fydda i'n fodlon cario'i fagiau fe!

Fe fuodd e'n aelod o grŵp yn Aberdâr, y *Soul Café* o'dd 'u henw nhw. Ro'n nhw'n grŵp o wyth yn whare rhyw fath ar *jazz soul*. Rwy'n cofio Elaine a fi'n mynd lawr i'w weld e'n perfformio mewn rhyw dafarn yn Aberpennar. Ond ro'wn i'n teimlo braidd yn embaras o weld fod y bobol o'dd yn mynd mewn yn ifanc iawn. Felly fe wnaethon ni aros y tu fas i'r tafarn yn gwrando arno fe yn y glaw o dan ymbarél!

*　　　　*　　　　*

Fe ges i fy mhenodi fel prifathro am y tro cynta yn Ysgol Thomas Stephens yn Ysgol Pontneddfychan. Fe ges i alwad gan Awdurdod Addysg Powys i fynd am gyfweliad i Aberhonddu, a hynny o flaen tua 30 o gynghorwyr. Fe ofynnwyd pump o gwestiynau i fi, a digon o amser i'w hateb. Fel arfer, gydag Awdurdodau eraill, dim ond tri chwestiwn gâi eu gofyn ac ro'dd disgwyl i chi ateb o fewn pum munud. Felly, fe deimlais fod y cyfweliad yn un teg iawn.

Ond ro'dd gen i ryw hen deimlad yng nghefn fy meddwl fod dau arall o'r ymgeiswyr â gwell cyfle na fi. Ro'dd hi'n ymddangos fod nifer o'r cynghorwyr yn nabod y rheiny. Ond ar ôl tua tri-chwarter awr o drafod fe alwyd arna i'n ôl. Fe gynigiwyd y swydd i fi a fe wnes i ei derbyn yn llawen.

Ddim ond chwe mis yn ddiweddarach y gwnes i glywed fod y bleidlais wedi bod yn un agos rhwng dau arall. Ac o fethu cytuno, dyma'r cynghorwyr yn penderfynu troi ata i. Teimlais yn ddiolchgar iawn fod lein telffon y Goruchaf heb fod yn rhy brysur iddo dderbyn fy ngalwad ar y diwrnod tyngedfennol hwnnw.

Dyddiau hapus iawn fu'r rheiny yn Ysgol Thomas Stephens. Gerllaw mae Ystradfellte, sy'n enwog am ei olygfeydd – yr afon a'r rhaeadr – ond mae i Bontneddfechan ei hud ei hun ar ben

Fi'n brifathro yn Ysgol Thomas Stephens, Pontneddfechan.

Diwrnod anifeiliaid anwes.

eithaf Glyn-nedd lle mae golygfeydd hyfryd o'r cwm. Mae'r
ysgol yn sefyll gyferbyn â Chlwb Golff Glyn-nedd a llywydd y
clwb yw Max Boyce. Fe fues i'n ôl yno'n ddiweddar yn annerch
y Gymdeithas Hanes. Fe wnes i weithredu fel prifathro yno am
saith mlynedd. Ro'dd y rhieni a'r athrawon yn gefnogol iawn. A
fe fedra i gofio un yn arbennig, Shirley Curtis. Hi o'dd yn
gyfrifol am y gegin ac fe fu hi farw lawer yn rhy ifanc.

Un tro fe wnes i drefnu diwrnod anifeiliaid anwes i'r
disgyblion. Fe gyrhaeddon nhw ag ambell i geffyl, a sawl ci a
chath a llygod dof. A fe ddaeth un â chwningen. O'dd popeth yn
iawn nes i fachan arall ddod mewn â ffured. Fe fuodd yn rhaid i
fi gadw'r gwningen a'r ffured ar wahân drwy'r dydd.

Unwaith y flwyddyn fe fydde'r rhieni'n cynnal diwrnod codi
arian i'r ysgol a fe fydden ni'n gosod rhaff ar draws yr hewl fawr
rhwng yr ysgol ac Ystradfellte. Bwyd o'n hysgol ni fydde
disgyblion Ysgol Ystradfellte yn ei ga'l hanner-dydd. Dim ond
tua pymtheg o blant o'dd yno. Y bachan o'dd yn gyfrifol am
gludo'r bwyd yno o'dd Dai Tei, gyrrwr y bỳs. Fwy nag unwaith
fe wnaeth e anghofio'r grefi neu'r cwstard a fi wedyn yn gorfod

rhuthro ar ei ôl e a dod 'nol gyda'r grefi neu'r cwstard – weithiau'r ddau – yn y car! Ond yn amlach na pheidio fe fydde plant Ystradfellte druain, yn gorfod bwyta'u tatws heb grefi neu eu *spotted Dick* heb gwstard. Dai fyddai'n rhoi prawf MOT i 'nghar i. Fe fydde fe'n cerdded o gwmpas y car ddwywaith, yn rhoi cic i'r teiers ac yna ei basio fe'n ffit!

Ar ôl saith mlynedd fe ges i fy mhenodi'n brifathro ar Ysgol Llangadog ger Crughywel. Fe ges i fy rhybuddio gan un cynghorwr cyn i fi ddechrau, 'Nawr 'te, Roy, mewn ambell i ysgol mae 'na fenyw bwerus. Mewn ambell i ysgol mae 'na ddwy fenyw bwerus. Ond yma mae pob menyw'n fenyw bwerus.' O'dd e'n iawn hefyd. Roedden nhw'n fenywod pwerus, ond deallus ar yr un pryd. A fe fydde'r ysgol yn ca'l ei rhedeg drwy gonsensws. Os fydde rhywun arall â syniad gwell na fi, fe wnawn i ei dderbyn.

Ro'dd hwn yn gyfnod hapus. Ro'dd neuadd y pentre yn ca'l ei chodi ar y pryd ar draws y ffordd i'r ysgol. Felly fe fydde 'na lawer iawn o drafod a chydweithio. Ro'dd yno un fenyw arbennig o liwgar. Pan fydde hi'n dod mewn i'r iard i achwyn, gan saethu ar bob silindr, ro'dd hi fel Buddug yn ei cherbyd rhyfel. Ro'dd hi'n briod â'i thrydydd gŵr, y ddau gynta wedi rhedeg bant. Ble bynnag ma' nhw, pob lwc iddyn nhw.

Ro'dd y Nadolig, wrth gwrs, yn adeg dathlu mawr gyda pharti a chyngerdd yn yr ysgol. Fe fydden ni hefyd yn archebu ffilm ar gyfer y disgyblion. Un tro ro'dd yr ysgol gyfan, yn cynnwys yr adran gynradd, wedi ymgynnull ar gyfer ffilm, o'dd ar fideo. A dyma'r ddirprwy, June Morris, yn dod i mewn ar ras i 'ngweld i. Hi o'dd yn gyfrifol am y disgyblion o'dd wedi dechre gwylio *Snow White and the Seven Dwarfs*. Ond ar ôl dim ond dwy funud o'r ffilm dyma hi'n sylweddoli fod rhywbeth o'i le. Fe wnaeth hi ofyn i fi fynd draw. Beth o'dd ar y sgrîn o'dd fersiwn braidd yn goch o stori enwog Disney. Diolch byth mai dim ond dwy funud o'dd wedi mynd.

Mae gen i gof wedyn o fynd i un o gyfarfodydd y llywodraethwyr. Ac am fy mod i'n newydd-ddyfodiad a'r cyfarfod wedi mynd ymlaen braidd yn hir fe ges i wahoddiad 'nôl i'r dafarn. Fe aeth un ddiod yn ddwy a dwy yn dair a fe ddechreuodd Elaine fecso. Fe ffoniodd hi'r heddlu i ddweud fod prifathro yn ardal Llangadog ar goll ar ôl bod yng nghyfarfod y llywodraethwyr. Fe ffeindiodd y plismyn fi yn y dafarn. Felly, ar ôl dim ond mis yn yr ardal, ro'dd gen i enw fel dyn tafarn!

Dro arall ar ôl cyfarfod fe wnes i yrru adre dros y mynydd tuag at Garnlydan a Beaufort a Glynebwy, ardal hyfryd iawn lle medrwch chi weld 'nôl dros y dyffryn. Ambell fore, a'r cymylau wedi suddo lawr i waelod y cwm fel llyn mawr gwyn, fe fydde'r mynyddoedd yn codi eu pennau fel rhyw fath o ynysoedd rhyfedd. Ond y noson hon, adeg rhyfel y Falklands, ro'wn i'n dringo fyny'r mynydd yn y car. Dyma fi'n troi'r gornel ac yn sydyn iawn, beth o'dd o 'mla'n i ond hofrennydd yn llawn milwyr a'r rheini'n cario baneri a drylliau. Ro'dd yno ddwsinau o jîps a milwyr yn neidio allan ohonyn nhw. Fe stopion nhw fi a gofyn pwy o'wn i. Wedyn fe ddeallais i mai Gurkhas o'n nhw'n ymarfer yno am fod y tirwedd yn debyg i'r Falklands. Fe ges i lond twll o ofn.

*   *   *

Ar ôl y profiad o fod yn brifathro ro'wn i'n teimlo nawr fel mynd i swydd uwch fyth, mynd yn arolygwr, neu rywbeth tebyg. Rwy'n credu'n gryf y dylai pawb anelu at y sêr. Wedyn mae gan rywun y gobaith, o leia, i gyrraedd y lleuad. Y canlyniad fu i fi dderbyn gwahoddiad i fynd ar gwrs arolygwyr yng Nglan-y-Fferi. Yno, yn y ganolfan, ro'dd pawb ohonom ar ein gorau o flaen yr arolygwyr. Ar ddiwedd yr wythnos fe drefnwyd cyngerdd gyda phawb o'dd yno i gymryd rhan. Fi gafodd y gwaith o fod yn gyflwynydd. Fedrwn i ddim adrodd, canu na dawnsio. Felly, dim ond cyflwyno o'dd ar ôl. Oherwydd hynny fe ges i eistedd ar fwrdd yr arolygwyr. Ro'dd y prif arolygwr yn dipyn o awdurdod ar win, ac yn naturiol, ef wnaeth ddewis y gwin.

Dyna lle'r o'wn i'n bownso 'nôl a blaen rhwng y bwrdd a'r llwyfan gyda digon o adrenalin i lenwi'n sgidiau. Bob tro yr awn i 'nôl at y bwrdd fe wnawn i gydio yn y glased gwin agosa ata i. Ac ar ôl tua chwarter awr dyma sylweddoli fy mod i wedi bod yn yfed gwin tri arolygwr gwahanol! Ac yna dyma'r prif arolygwr yn cyhoeddi, 'Ma'r gwin yma'n uffernol o wael. Rwy'n mo'yn 'i newid e.' O'wn i ddim wedi sylwi ar ansawdd y gwin. Fe yfwn i rywbeth. Ac ymlaen â fi i fownso rhwng y bwrdd a'r llwyfan gan ddal i yfed y gwin o'dd yn digwydd bod agosa ata i. A dyma'r prif arolygwr yn cyhoeddi eto, 'Ma'r gwin yma lawn cynddrwg â'r llall.' Erbyn hyn ro'wn i'n hedfan ar ôl yfed tua chwech glased. Digon yw dweud na chlywais i ddim am ddyrchafiad am sbel go hir. Wnaeth yfed gwin yr arolygwyr ddim helpu rhyw lawer!

Ond nid dyna ddiwedd y stori am Lan y fferi. Ar ôl cyrraedd adre fe sylweddolais i 'mod i wedi gadael pâr o sgidiau ar ôl yn y ganolfan, pâr o *brogues*. Fe ffoniais i'r diwrnod wedyn ond ro'n nhw wedi diflannu. Nawr, mae blynyddoedd mawr ers y digwyddiad. Ond mae 'na arwydd yn dal mewn caffi yng Nglan y fferi yn darllen, 'Oes unrhyw un wedi gweld *brogues* Roy Noble?'

Yng Nglan y fferi hefyd y dysgais i wers fach ddiddorol. Synnais o weld y trên *Intercity 125* rhwng Caerfyrddin a Llunden yn stopio yno. Fe wnaeth fy atgoffa o'r dyddiau pan na fyddai trenau'n anwybyddu unrhyw orsaf. Ac fe wnaeth hyn adfer fy ffydd, dros dro, yng nghydraddoldeb pobol.

Fe aeth blynyddoedd heibio cyn i fi glywed unrhyw beth am ddyrchafiad. Ro'wn i'n brifathro yn fy ail ysgol pan alwodd arolygwr i ddweud fod swydd yn mynd yn y Swyddfa Gymreig, swydd arolygwr yn yr Adran Gymraeg. Fe ofynnodd a oedd gen i ddiddordeb mewn cynnig amdani. Wel, ro'wn i erioed wedi ffansïo cario'r *briefcase* pwysig yna a bathodyn y Swyddfa Gymreig ar ei ffrynt. Ac yn wir, yn fuan wedyn, dyma arolygwr arall yn galw ac yn fy annog i roi cynnig arni. Gyda dau wahanol arolygwr wedi fy annog, ro'wn i'n teimlo nawr fod gen i wir obaith. Ond na, ddes i ddim hyd yn oed mor bell â'r rhestr fer, a hynny er gwaetha'r ffaith i fi eistedd ar wahanol bwyllgorau lleol a chenedlaethol.

Flwyddyn yn ddiweddarach fe glywais fod rhywun wedi ffonio'r bobol oedd yn penderfynu i ddweud mai camgymeriad fyddai fy newis i gan ychwanegu, 'Odych chi wedi'i glywed e'n darlledu?'

Erbyn hyn ro'wn i'n gwneud ychydig o waith darlledu ar *Radio Wales*. Fi hefyd oedd yn sgriptio'r eitem *A Letter from Aberdare*, rhyw sgit fach ar *A Letter from America*. A dyna pam, mae'n debyg, na ches i'r swydd. Ro'dd y bachan wnaeth ffonio yn meddwl fy mod i'n rhy ysgafn a heb fod yn ddigon deallus. Ond hwn fu'r hwb bach ychwanegol yna wnaeth i fi benderfynu rhoi'r gorau i ddysgu. Ro'dd y BBC, flynyddoedd yn gynharach, wedi gofyn i fi ymuno â nhw fel darlledwr amser llawn. Ond ro'wn i'n fab i löwr, a hwnnw wedi cydio yn fy ngholer i gan rybuddio, 'Cofia di nawr, paid â whare amboitu. Jobyn saff wyt ti'n mo'yn. Cer amdani.' A hynny a'i gwnaeth hi mor anodd i fi benderfynu. Ac fe gymerodd flwyddyn i fi wneud hynny. Ond yn sicr, ca'l fy ngwrthod fel arolygwr o'dd y digwyddiad tyngedfennol. Ro'dd hwnnw wedi gwneud i fi deimlo fod rhyw wal o flocs concrid wedi'i chodi rhyngof fi a'm dyfodol ym myd addysg. Ac er fy mod i'n mwynhau dysgu, fedrwn i ddim gweld llawer o ddyfodol i fi.

Frank Hennessy, Stephanie Tilletson, Alun Williams a fi yn gweithio i Radio Wales.

ABERDÂR

Yn ardal Aberdâr rwy'n byw ers tro bellach. A hynny o achos menyw. Gwrddes i â hi yn y coleg. O'dd hi'n gwneud daearyddiaeth, o'wn i'n gwneud daearyddiaeth, er bo' fi un flwyddyn o'i bla'n hi. Ond, dim daearyddiaeth na rhyw ymarferiad cymdeithasegol wnaeth fynd â fi lan i Gwm Cynon bob nos Wener. Pan ma' dy feddylie di yn llithro lawr o dan dy felt ti, rhyw fath o chwant yw e, mae'n debyg.

Ma' Cwm Cynon wedi bod yn dda i fi. Rwy'n cofio'r tro cynta ddes i yma. Dal y bỳs yn yr orsaf bysys yng Nghaerdydd. O'dd arwyddion ar ffrynt y bysys, wrth gwrs, yn gweud ble o'n nhw'n mynd. A o'dd 'na lefydd rhyfedd nad o'wn i wedi clywed erioed amdanyn nhw o'r bla'n. Fe fyddwn i, tra own i yn y coleg, yn treulio llawer o amser yng nghaffi Astey's gerllaw'r orsaf fysys. A fe fyddwn i'n darllen enwau llefydd o'dd ar ffrynt y bysys. Lle fel British, er enghraifft, hen bentre bach ar ben y mynydd uwchlaw Abersychan. Nant-y-glo wedyn. A Sebastopol ac Oakdale. Ar y pryd o'wn i ddim wedi clywed sôn amdanyn nhw. Erbyn hyn rwy'n hen gyfarwydd â'r llefydd hyn sydd ag enwau mor od.

Beth bynnag, i fynd i Aberdâr o'wn i'n mynd ar y *Red & White*. A rwy'n cofio gofyn i'r boi ticedi a alle fe ngadael i bant ar Bont Aberaman, rhyw dair milltir lawr y cwm o Aberdâr. O'dd Elaine yn aros ar y bont i fi fynd â hi lan i gwrdd â'i mam a'i thad. Nawr, o'wn i wedi colli'r bỳs o'wn i fod ei ddal, felly o'wn i hanner awr yn hwyr. A o'dd Elaine yn becso rhyw damed bach nad o'wn i'n mynd i droi lan. A hefyd o'dd hi'n becso tamed bach yn fwy am fod 'i thad ddim wedi addo peido dipo'i fara yn y grefi. O'dd ganddo fe ryw arferiad, cyn bod y cinio yn ca'l 'i ddodi ar y bwrdd, i drochi'i fara yn y saim. A ro'dd hi'n becso am hynny. Ond fe a'th pethe'n iawn.

Ges i syrpreis pan weles i gartre Elaine. Tŷ teras o'dd e. O'wn i'n byw mewn tŷ cownsil ym Mrynaman ar y pryd. O'wn i wedi bod yn byw mewn tŷ teras, wrth gwrs, cyn i Mam-gu fynd yn dost a ni'n gorfod mynd lan i fyw gyda hi. Ond y peth rhyfedd am hwn o'dd bod bathrwm tu fewn gyda nhw. O'dd y toilet tu fas ond o'dd y bathrwm tu fewn wrth ochor un o'r stafelloedd cysgu. O'wn i ddim wedi gweld shwd beth yn fy myw. A hefyd, ar ben hynna, o'dd gyda nhw ffwrn drydan a pheiriant golchi. Yn hwyr iawn yn ei bywyd y cafodd Mam bethe fel'ny. O'dd hi'n credu ei bod hi'n twyllo wrth gymryd at y peiriannau modern hyn. Yn y diwedd fe gafodd hi beiriant golchi. Ddim un o'r rhai otomatig ond un â rolyrs lle ro'dd hi'n tynnu'r dillad mas a gwasgu'r dŵr mas ohonyn nhw. Ond o'dd popeth gyda nhw yn nhŷ Elaine. Fe wnes i ddechre meddwl bo' fi wedi cydio mewn merch o'dd a thipyn o arian gyda hi.

Ond beth o'dd wedi digwydd flynyddoedd maith yn ôl o'dd fod wncwl i Elaine, Wncwl Idris – bachan neis na phriododd byth, ei fam dipyn yn ormesol – wedi dod mewn i arian. O'dd e'n foi teidi, hyd yn oed wedi bod yn aelod o'r *Temperance*. Yn ddiweddarach fe a'th e 'nôl i gladdu ambell i wisgi bach nawr ac yn y man. Ond fe enillodd e ar y pyllau pêl-droed 'nôl yn 1938. Rwy'n credu mai obwytu £1,300 enillodd e. O'dd e'n gorfod cwrdd â rhyw ddyn o dan y cloc yn y stesion yn Lerpwl i dderbyn y siec. A hwnnw'n ceisio rhoi cyngor iddo fe beth i'w wneud – a beth i beidio â gwneud – â'i arian. Ond, pan a'th e gartre, am yr arian hynna fe brynodd e ddau dŷ teras a *Hillman Minx* newydd sbon. Rwy'n credu ma' *Hillman Minx* o'dd e, nid *Ford*. A o'dd e'n dal i fod a newid dros ben gydag e. Wrth gwrs, ro'dd y stori wedi mynd rownd y lle ei fod e'n filiwnydd.

O'dd car gyda theulu Elaine hefyd. Ac yn wahanol i fi o'dd hi'n galler dreifo. A o'dd rhyw wendid wedi bod gyda fi achos o'wn i wedi cwrdd â merch yn y coleg ar ddechre'r drydedd flwyddyn, a o'dd hi'n dod o Ddinbych-y-pysgod ac yn galler dreifo hefyd. Ond am ryw reswm o'wn i ddim yn ei weld e'n beth gwrywaidd iawn i adel i fenyw ddreifo. O'wn i'n teimlo fel tawn i dan fygythiad.

Wedi i'r berthynas rhwng Elaine a finne ddatblygu, fe wnaethon ni feddwl am briodi. O'dd Elaine yn un o dri o blant. O'dd Marian wedi priodi David, a Glyn wedi priodi Lynwen. Ond dim ond fi wna'th ofyn i'r tad am law un o'i blant. A o'dd e'n falch. Fe enilles i lot o *Brownie Points* am hynna!

*   *   *

Ar ôl bod yn Aberdâr am gyfnod fe ddes i, yn naturiol, yn gyfarwydd â'r Clwb Rygbi. Nawr ac yn y man fe fydden nhw'n gofyn i fi ddod lawr i ddyfarnu. O'wn i'n dipyn o refferî ar y pryd. Wel, o'wn i wedi gwneud tair blynedd. O'dd gen i wendid mawr, wrth gwrs. Cefen tost. Hynny yw, o'dd gyda fi streipen felen lawr 'y nghefen!

O'dd cadeirydd y clwb, Humphrey Evans, yn gweithio i *Lever Brothers* yn gwerthu powdwr golchi a phethe fel'na. A dyna shwd fyddwn i'n ca'l fy nhalu. O'dd e, fel arfer, yn rhoi *Giant Bag* o bowdwr golchi i fi.

O'dd y lefel lle'r o'wn i'n dyfarnu yn isel iawn. Mae 'na sôn am y *grass roots*. Wel, ro'wn i yn is na hynny. Unwaith o'wn i'n sefyll wrth ochor y lein yn gwylio gêm – o'wn i ddim yn dyfarnu ond ro'wn i wedi bod yn darlledu am sbel. Ac yn sydyn iawn, yn dilyn sgarmes fawr, dyma'r bachwr yn dod draw a gofyn i fi, 'Esgusoda fi, Roy. Ti'n gwbod y *Mystery Voice* ar dy raglen di bore dydd Sadwrn diwetha. Ai Cliff Richard o'dd e?

Bryd arall o'wn i'n dyfarnu yn Nhredegar Newydd. A o'dd yr hen ddynion yn fan'na yn gwneud popeth, gosod y fflags lan, gwneud y brechdanau – popeth. Un dydd Sadwrn o'dd gêm ryngwladol yng Nghaerdydd. Ac yn y bore ro'dd tîm ieuenctid Tredegar Newydd yn chware yn erbyn *Slough Colts*. A o'dd y tîm cartre yn ennill yn hawdd iawn. Dim ond pum munud o'dd wedi mynd o'r ail hanner. O'dd Tredegar Newydd wedi sgorio cais arall ac yn barod i gymryd y gic a dyma lais yn dod o ochr y cae. 'Hei, reff!' Finne'n gofyn beth o'dd yn bod. 'Ma'r *chicken and chips* wedi dod yn gynnar. Mae'r menywod wedi hala neges. Allwch chi ddod bant nawr?' A fe wnaethon ni!

Fe fydden ni wastod yn ca'l cyfarfod bob mis, fel dyfarnwyr, ac ar un adeg o'r nos fe fydden ni'n trafod pwyntiau'r gyfraith. Fe fydde rhywun yn codi rhyw gymal o'r rheolau fydde wedi digwydd iddo fe ar y dydd Sadwrn cynt ac yn gofyn be ddyle fe wneud o dan yr amgylchiadau. Wedyn fe fydde pob un yn rhoi ei farn. Fe ddwedodd un dyfarnwr, bachan o'r enw Howells, iddo fe roi cic gosb i'r tîm lleol wedi i un o'r chwaraewyr ga'l ei daro lawr gan geffyl. Ro'dd e'n cyfiawnhau'r penderfyniad o ddyfarnu cic gosb o dan y rheol o'dd yn gofyn am i'r llain gael ei diogelu!

O'dd e'n arferiad hefyd yn y clwb bob bore dydd Sul i gang o'r bois canol oed a hŷn hefyd gyfarfod i roi'r byd yn ei le. Nid siarad am rygbi yn unig fydden nhw ond hefyd am faterion lleol,

Dau sy'n dwlu ar rygbi – Ray Gravel a fi yn dathlu fy mhriodas arian.

pwy o'dd mewn sgandal a hefyd be ddylai'r Llywodraeth ei wneud am hyn ac arall. Petai'r Llywodraeth yn medru tapo mewn i'r bois hyn, ac ambell i farbwr a gyrrwr tacsi, fydde dim problemau yn y byd.

*   *   *

Ma' bod yn ddyfarnwr rywbeth yn debyg i fod yn feirniad eisteddfodol. A fe ges i brofiad rhyfedd o feirniadu mewn 'steddfod yn Tylorstown, 'steddfod a o'dd, a dweud y lleia, braidd yn wahanol.

Yn y clwb rygbi o'dd y 'steddfod yn ca'l ei chynnal a 'steddfod i ddynion yn unig o'dd hi. O'dd 'na bum clwb rygbi yn cystadlu, Aberaman, Hirwaun, Ystrad Rhondda, Treorci a Tylorstown. O'dd y clybiau hyn yn cystadlu yn erbyn ei gilydd a'r lle'n orlawn. Ac un noson fe ges i fy newis i fod yn feirniad y gystadleuaeth corau meibion. Cyn belled ag yr o'dd y safon yn y cwestiwn, digon yw dweud fod y côr buddugol wedi cystadlu yn hollol noeth ar y llwyfan.

Ychydig cyn y gystadleuaeth fe dda'th dau fachan o Tylorstown draw ata i, dau fachan mawr iawn. A'u neges nhw o'dd fod Tylorstown wedi bod yn fuddugol am yr wyth mlynedd diwethaf. Felly, medden nhw, gan edrych lawr arna i, doedd dim angen newid y drefn, o'dd e? Fe gafodd Aberaman 20 o farciau allan o gant gen i. Fe gafodd Ystrad Rhondda a Hirwaun tua 30 marc yr un. Fe gafodd Treorci 40. Ac allan o gant fe gafodd Tylorstown 120. Rwy'n un sy'n hoffi teimlo'n saff!

O'dd dau fŷs wedi eu cario nhw i'r 'steddfod o Glwb Tylorstown, clwb heb unrhyw ffenest ynddo fe, gyda llaw, er mwyn atal lladron. Ond yn fuan iawn fe ddysgodd y lladron sut o'dd torri mewn drwy'r to. Beth bynnag, ar ddiwedd y nos ro'dd un o'r ddau fŷs wedi mynd i ryw gaffi ym Mhontypridd, *Sweaty Betty's.* O'dd tua ugain o bobol ar y bŷs 53 sedd. Ro'dd hyn yn golygu fod ymron 90 ar yr ail fŷs. Bant â ni dros y mynydd drwy'r Mardy am Aberdar. Dyma'r bŷs yn stopo ar dop y mynydd er mwyn i'r bechgyn ateb galwad natur. A ro'dd hi fel rhyfel y Falklands. Ro'dd gofyn eu cyfri nhw mas a'u cyfrif nhw 'nôl mewn!

* * *

Mae darlun gen i yn y tŷ o Gapel Gwawr, y capel lle gwnaethon ni briodi. A dyna ble ddechreuais i fynychu capel. Yn Aberdâr, ar ôl cadw draw o'r capel ym Mrynaman, yr adenillais i fy nghredwyaeth.

Elaine a fi'n diolch i'r Parchedig Arfon Jones.

Ro'dd Elaine yn ferch i ddiacon y capel, er nad o'dd e'n mynychu'r lle bellach oherwydd salwch. Yr hyn o'dd yn fy nharo i'n rhyfedd o'dd, ar ôl gwasanaeth crefyddol am awr, bod cyfarfod busnes y capel yn ca'l ei gynnal wedyn am ei fod e'n gyfleus i bawb. Ro'dd hi'n anodd credu bod gwasanaeth crefyddol wedi bod gan y byddai cyhuddiadau a gwrthgyhuddiadau yn cael eu taflu i bobman, rhywun yn cwyno am hyn, rhywun arall yn cwyno am rywbeth arall. Ro'dd hi'n anodd credu fod y gwasanaeth wedi digwydd o gwbwl. Pawb yn achwyn am hwn neu hon. Pam fod hwn wedi gwneud hyn a hon wedi gwneud hynna.

Rwy'n cofio pan wnaethon ni briodi, ro'dd capel Gwawr mewn adeilad newydd. O'dd yr hen gapel wedi'i gondemnio. Fe fu'n rhaid ei fwrw fe lawr gan nad o'dd e'n saff. Fe symudodd yr aelodau i mewn i gapel arall, yr hen Hebron yn Aberdâr, Capel y Methodistiaid yn Heol Jiwbili. Drws nesa ro'dd Hebron House, lle'r o'dd y gweinidog yn byw.

Pwll-du.

82

Fe newidiwyd enw'r capel i Gwawr ond wna'th neb feddwl dweud wrth y cofrestrydd. Yr adeg honno ro'dd yn rhaid bod yn ofalus. Fedrech chi ddim priodi ym mhobman. Felly, wythnos cyn y briodas dyma'r cofrestrydd, yn sydyn iawn, yn ffonio i ddweud na fedren ni briodi yn y capel. Ond o fewn yr wythnos o'dd yn weddill fe wnaethon ni lwyddo i newid y penderfyniad.

Ro'wn i wedi penderfynu dyweddïo a phriodi ar ddyddiadau fyddai'n hawdd i'w cofio. Felly dyma benderfynu dyweddïo ar Ionawr 1af a phriodi ar Awst 1af. Ar y bore wnaethon ni ddyweddïo ro'wn i'n teimlo'n rhamantus iawn. A dyma benderfynu mynd lawr i Bwlldu ym Mro Gŵyr. Mae'r enw Pwlldu yn fy atgoffa i bob amser o ddau Bwlldu o'dd ym Mrynaman yn afon Garw lle byddwn i'n nofio yn blentyn, Pwlldu Uchaf a Phwlldu Isaf. O gwmpas y pyllau y bydden ni'n ymgynnull ar ddiwrnod twym. Yno wnes i ddysgu nofio a rwy'n cofio'r dyddiau hwyliog hynny'n dda, dyddiau o fêl a blodau. Hwyrach mai dyna o'dd y tu ôl i'r penderfyniad i ddyweddïo ym Mhwlldu ym Mro Gŵyr. Yno yr aethon ni, beth bynnag, ac yna i mewn i Westy Bae Caswell am ginio dydd Sul. Mae'r lle wedi'i ddymchwel a'i droi'n fflatiau erbyn hyn. Ond rwy'n cofio o hyd mai cig eidion gawson ni i ginio. Wnaethon ni ddim gwneud penderfyniad yn y bore mai i Bwlldu fydden ni'n mynd. Ond fe gawson ni'n harwain yno. Gweld arwydd Pwlldu a dilyn y ffordd. O'dd e'n lle perffaith.

Yn y wledd briodas rwy'n cofio fod yna *Black Forest Gateau*. Diawch, ro'dd *Black Forest Gateau* yn boblogaidd iawn yn y dyddiau hynny, ddiwedd y chwedegau. Mae pawb o'dd yno yn ei chofio o hyd. Dyna'r unig beth ma' rhai yn ei gofio am y briodas!

Ar ôl y gwasanaeth priodas do'dd dim parti gyda'r nos fel sy nawr. Fe wnaethon ni dreulio'r noson gynta yng Ngwesty'r Parc yng Nghaerdydd. Rwy'n cofio'r stafell hyd y dydd heddiw. O'dd hi'n union uwchben y siop o'dd yn gwerthu *Scholls Shoes*. Siop teliffons sy yno heddiw. Ma' nhw wedi symud lan yn y byd.

Pris y stafell yn y gwesty o'dd 120 o sylltau am y nos. A'r hyn rwy'n gofio fwya am y stafell o'dd fod ynddi *three piece suite* a

Fy nhad, Ifor; fy mam, Sadie; fi; Elaine; mam Elaine, Vi; brawd Elaine, Glyn.

gwely. O'wn i erioed wedi gweld hynna mewn stafell wely o'r blaen. Fe wnaethon ni aros yno am un noson cyn hedfan i Majorca. Ond ar y noson gynta honno, a finne'n teimlo'n rhamantus, fe wnes i rwyfo Elaine mewn bad ar Lyn y Rhath. Pan ddes i 'nôl ro'wn i'n rhy wan i symud!

Y bore wedyn dyma ni'n hedfan o'r Rhŵs mewn awyren 'prop' *Viscount*. Do'dd Elaine ddim yn leico hedfan o gwbwl. Do'dd dim rhifau ar y tocynnau hedfan, felly fe allen ni eistedd ble bynnag fynnen ni. A dyma fi, nawr, yn ŵr bonheddig fel erioed, yn gadael i bawb esgyn i'r awyren o 'mla'n i. Ac erbyn i fi gyrraedd do'dd dim lle i fi wrth ochor Elaine. Felly o'wn i tua deg sedd oddi wrthi, a hynny ar ein taith mis mêl!

Ar ôl pythefnos, a gostiodd £49 15s, fe benderfynon ni, ar gyfer y daith adre, na fydde unrhyw broblem. Roedden ni'n agos i ffrynt y ciw a phan ddaeth galwad ar i ni fyrddio'r awyren roedden ni'n drydydd. Dim ond dau bâr o'dd o'n bla'n ni. Dyma'r weinyddes, nawr, yn ein harwain ni ar hyd y *tarmac* tuag at yr awyren. Ond yn sydyn dyma ryw fachan o Fargoed o'dd yng nghefn y ciw, donci wedi'i stwffo o dan ei fraich e,

84

sombrero ar ei ben, yn dechre rhedeg tuag at yr awyren er mwyn ca'l sedd dda. Yna dyma rywun arall yn dechre rhedeg. Ac un arall. Ac yn sydyn dyma ni i gyd yn rhedeg fel petaen ni'n ceisio dal yr awyren ola allan o Bangladesh. Ar ben y grisiau ro'dd y weinyddes, druan, yn ceisio ca'l trefn ac yn gwneud ei gorau i ddal pawb 'nôl. Wel, fe ges i sedd yn ymyl Elaine. Ond beth o'dd argraff y teithwyr soffistigedig er'ill ar faes awyr Palma, yn eu hawyrennau 707, amdanon ni'n rhuthro ac yn ymladd ein ffordd ar yr awyren fach 'prop' honno, tybed?

Ar ôl cyrraedd adre, y peth mwyaf anodd i fachan o'dd newydd briodi o'dd wynebu gorfod cysgu gyda'i wraig am y tro cynta dan do'r fam-yng-nghyfraith. Ro'dd tad Elaine wedi marw erbyn hyn. Ond peth anodd o'dd e, yn enwedig o gyrraedd 'nôl yn ystod oriau mân y bore a dala'r *Red & White* i Aberdâr a chyrraedd am hanner-awr-wedi-naw yn y bore. Fi a'r wraig newydd wedyn yn mynd i'r gwely am hanner-awr-wedi-deg, y ddau ohonon ni wedi blino'n llwyr. Rheswm da iawn dros fynd i'r gwely, wrth gwrs. Ond ceisiwch chi esbonio hynny wrth fam-yng-nghyfraith!

Profiad hyd yn oed yn waeth o'dd mynd yn ôl i Frynaman am y tro cynta fel pâr priod. Eistedd lawr yn y stafell fyw ac Elaine yn dweud, 'A, wel, wi'n mynd lan nawr 'te.' Fi, wedyn, yn ffidlan fan hynny a Mam yn dishgwl arna i. Nhad yn dishgwl arna i. Finne wedyn yn dweud, 'Wi'n credu af finne lan nawr.'

Cyrraedd y stafell wely, a beth o'dd yn hedfan amboutu'r lle ond *Daddy Longlegs*. Nawr, o'dd gan Elaine gynnig o *Daddy Longlegs*. A dyma fi'n ceisio'i ddal e. Rhedeg rownd y stafell. Cydio mewn papur newydd a'i rolio fe lan a cheisio bwrw'r pryfyn. Yna neidio lan a lawr ar ben y gwely a hwnnw'n mynd 'Bwm! Bwm!'

O'dd hi flynyddoedd wedyn cyn i Mam ailadrodd be ddwedon nhw ar y pryd. Dad yn gofyn, 'Hei, be ddiawl sy'n mynd mla'n lan fan'na, 'te?' A Mam yn ateb, 'Gad nhw i fod. Newydd briodi ma' nhw.' Ychydig a wydden nhw ma'r hyn a achosai'r 'Bwm! Bwm!' o'dd fi'n ceisio dal *Daddy Longlegs*!

Fe ddylwn i fod wedi sôn hefyd am y parti stag, wythnos cyn i fi briodi. Fe aethon ni i gyd i dafarn y Tregyb ym Mrynaman. A dyna lle'r o'dd y bechgyn yn towlu wisgi, brandi a phob math o bethe cryf i'n niod i. Dyma godi i fynd mas y bac. Ac unwaith y trawodd yr aer fi, fe gwmpes i rhwng dau gar. A'r peth nesa ddigwyddodd o'dd i gi *Alsatian* y dafarn ddod draw a llyfu'n wyneb i.

Dyna pryd wnes i sylweddoli ei bod hi'n bryd i fi fynd adre. Ro'wn i ganllath o'r tŷ pan arhosodd car wrth fy ymyl i. Pwy o'dd yno ond y ffrindiau o'r dafarn yn cario pob diod o'wn i wedi'u gadael ar ôl. Y noson honno fe fu'n rhaid i Nhad fy rhoi i yn y gwely. Deirgwaith.

Ond mae dyn yn dysgu o brofiadau fel hyn.

*   *   *

Mae fy ngwaith i, yn arbennig ar ôl i fi roi'r gorau i ddysgu, yn mynd â fi i amryw o lefydd, boed hynny'n rhan o waith darlledu neu fel siaradwr gwadd. Fel siaradwr gwadd fues i yn Nhalacharn. Ma' nhw'n dweud fod ysbryd Dylan Thomas yn crwydro'r Rhodfa sydd wedi'i henwi ar ei ôl e. Dw i ddim wedi'i weld e. Ond mae hi'n olygfa hyfryd pan ma'r llanw'n dod mewn i'r aber yn sydyn. Mae e fel fersiwn fach o'r *Severn Bore*. Dim ond rhyw droedfedd o uchder yw e, ond mae'n werth ei weld e'n rhuthro mewn.

Nawr, mae llawer mwy i Dalacharn na'r cysylltiad â Dylan Thomas, fel wnes i ganfod pan ges i wahoddiad yno unwaith. Mae'r dre'n mynd 'nôl i oes y Normaniaid. Ac unwaith bob tair blynedd mae'r trigolion yn gorfod cerdded ffiniau'r plwyf i brofi ma' nhw sy biau'r tir o hyd. Mae 'na draddodiad hefyd fod y swyddog sy'n cyfateb i'r Maer, sef y *Portreve*, yn paratoi brecwast unwaith y flwyddyn ar ddydd Sul. Fe fydd pawb yn cwrdd yn yr ysgol gynradd lle ma 'na frecwast salad am naw. Wedyn, rhwng deg ac un ar ddeg ma' nhw'n gwahodd dau siaradwr. Wedyn ma pawb yn gorymdeithio tua Neuadd y Dre lle ma' nhw'n gweddïo y tu allan. Yna fe geir gwasanaeth yn yr eglwys a gweddi fer arall y tu allan i Neuadd y Dre. Ac wedyn ma' nhw'n bwrw'r tafarnau.

O hynny ymlaen mae pawb yn gorfod brwydro drosto'i hunan. Ac ar ôl whech neu saith peint ma'r melancolia'n dueddol o gydio. Rwy'n cofio un o'r gorymdeithwyr yn troi at un o'r lleill ac yn gofyn cwestiwn eitha niwlog iddo fe.

'Shwd wyt ti'n ei neud e?'

'Gwneud beth,' medde'r llall.

'Shwd wyt ti wedi llwyddo i ga'l babis sy'n fechgyn? Ma' gen ti bedwar mab, a'r pedwar yn whare rygbi. Ma' gen i dair merch, a'r cyfan rwy'n wneud ar ddydd Sadwrn yw mynd â nhw i whare hoci neu i reido ceffylau. Shwd wyt ti'n 'i neud e?'

'O,' medde'r llall, 'rhaid i ti neud pethe'n iawn. Cer â'r wraig mas ar nos Wener am swper. Paid â'i gadel hi'n rhy hwyr. Ma' bwyd yn galler bod yn drymaidd ar y stumog. Gwna'r cinio yn achlysur rhamantus, ca'l sipsi i whare'r ffidil wrth ben y bwrdd, canhwyllau ar y bwrdd wedyn. Ac ar ôl *pasta* bach ysgafn, cer â hi 'nôl i'r tŷ. Yno, troia'r tân fyny a chica'r gath mas. Wedyn rho record fach ramantus ar y peiriant recordiau a dawnsiwch gyda'ch gilydd. Wedyn, brandi neu ddau i ymlacio. Ac yna newidiwch i rywbeth mwy cyfforddus. Ac wedyn, pan mae'r wraig yn hollol barod ac yn gorwedd 'nôl ar y soffa, dyna'r foment fawr. Rho alwad i fi ar y ffôn!'

*   *   *

Lle bach rhyfedd arall y ces i wahoddiad i siarad yno yw Trefil, i'r gogledd i ffordd Blaenau'r Cymoedd. Mae'r clwb rygbi, lle wnes i siarad, yn fach iawn. Yn wir, does dim digon o le ynddo fe i bawb yn y pentre fynd mewn. Ond fel mannau fel Deri neu Bedlinog mae e'n lle croesawgar sy'n llawn lletygarwch. Mewn pentrefi bach fel y rhain ma' gwreiddiau'r byd rygbi.

Mae gan y clwb fŷs rygbi arbennig iawn. Ie, bysys unwaith eto. Enw'r bỳs yw'r *Black and Red Devil*, cerbyd oedd unwaith yn ambiwlans ym Mlaenau Gwent. Ma'r craen trydan oedd yn codi cadeiriau olwynion yn dal yn rhan o'r cerbyd 28 sedd. Ac acha nos Wener, os yw'r bois wedi bod yn yfed, fe gân nhw'u cludo adre yn y bỳs am 50 ceiniog yr un. Ac os oes rhai ohonyn nhw'n rhy feddw i ddringo grisiau'r bỳs fe gân nhw'u codi mewn i'r bac ar y craen.

Yn y cyffiniau mae 'na chwarel anferth sy'n cynnig golygfeydd hyfryd i'r gogledd, lle perffaith i garu. Mae ambell i wraig wedi mynd â dyn arall yna ac ambell i ddyn wedi mynd â menyw arall yno. Ond dyna fe.

Lle rhyfedd arall yw Tai'r Gwaith, pentre unigryw – pentre Saesneg hefyd – gafodd ei adeiladu o gwmpas gwaith y *Steer Pit* a'r *East Pit*. Fe fuodd Nhad yn gweithio yno. Mae'r hewl yn stopo yn Nhai'r Gwaith. Dyw hi ddim yn mynd ymhellach ac mae'n rhaid i chi droi'n ôl. Yn y Steer Pit y lladdwyd fy nhad-cu.

*   *   *

Mae'n rhaid i fi gyfeirio at ddefaid y cymoedd. Oes, mae yno ddefaid arbennig. Petaen nhw'n ca'l cystadlu yn Sioe Llanelwedd fe welai pobol eu bod nhw'n ddefaid unigryw. Nhw yw'r *SAS* o blith y defaid.

Pan o'wn i'n byw yn Aberdâr fe fydden nhw'n dod rownd y tai ddwywaith yr wythnos, bob dydd Llun a bob dydd Iau, dyna pryd o'dd y biniau sbwriel yn ca'l eu gadael allan. A fe fyddai'r defaid yn gwbod hynny. Ac ar ôl geni ŵyn, fe fydden nhw'n dod â'r ŵyn gyda nhw i ddysgu'r rheiny.

O'dd y defaid yma yn medru penio caead y bin nes ei fod e'n tasgu bant. Wedyn fe fydden nhw'n gwthio'r bin ar ei ochor ac yna ymosod ar y cynnwys. Fe fydden nhw'n galw draw pan fyddwn i yn y gwely gyda'r nos i weld a fydde'r biniau mas. A fe fyddwn i'n dod i'w nabod nhw, yn unigol, wrth eu peswch. Rhyw beswch broncial o'dd e. Ac os na fyddwn i'n clywed y peswch dafad arbennig am sbel fe fyddwn i'n colli cwsg yn gofidio fod y ddafad wedi marw. Fedrwn i ddim mynd yn ôl i gysgu nes i fi ei chlywed hi'n peswch unwaith eto.

Mae rhai yn dweud fod dafad, os na all hi weld yr ochor arall i'r berth, ddim yn dueddol o neidio'r berth am nad yw hi'n medru gweld ble mae hi'n glanio. Wel, dyw hynna ddim yn wir am ddefaid y cymoedd. Ma' nhw fel Zebedee ar *The Magic Roundabout*. Boing! A fe wnân nhw neidio dros unrhyw beth, waliau, ffensys, gatiau. Wir i chi, os nad o'dd ganddoch chi gât haearn, drom fe wnaen nhw fynd bant a'r gât gyda nhw!

Yn ôl Dai Llanilar, yr unig le saff i gadw dafad i mewn yw ei chau hi mewn rhewgell. Ond er mwyn cadw defaid y cymoedd mewn fe fyddai'n rhaid i chi ga'l clo ar y rhewgell! O'dd ambell ddafad yn ca'l ei lladd, wrth gwrs, drwy gael ei tharo i lawr gan gar neu lori. Beth fyddai'r ffermwyr lleol yn ei wneud wedyn o'dd cario'r cyrff a'u gosod nhw ar y rheilffordd er mwyn ceisio dangos eu bod nhw wedi ca'l eu taro gan drên. Do'dd dim 'compo' os o'dd dafad yn ca'l ei lladd ar y ffordd fawr. Ond os câi un ei lladd ar y rheilffordd, ro'dd yna 'gompo'.

*   *   *

Un o'm hoff lecynnau i yw Craig-y-Llyn, rhyw dwmpyn o fynydd uwchben y Rhigos. Mae'r ffordd yn rhedeg dros grib Treherbert ac o'r encilfa ar ochor y ffordd, lle ma' 'na bob amser fen wen yn gwerthu hufen iâ, mae modd gweld lawr at Dreherbert a Blaenrhondda. Mae'r ffordd, gyda llaw, yn dirwyn heibio i Lofa'r Tŵr, lle prynwyd y gwaith gan y gweithwyr.

Unwaith y flwyddyn fe fyddwn i'n arfer mynd lan i'r llecyn arbennig hwn i yfed wisgi bach er cof am hen ffrind, Rhydwen Williams. Yn ystod ei flynyddoedd ola y gwnes i ddod i'w nabod e. Fe ffoniodd e fi i drefnu cyfarfod. Ro'dd e'n byw yn Nhrecynon, tua hanner-milltir oddi wrtha i. Ro'dd e wedi diodde strôc pan o'dd e yn ei chwedegau ac yn gorwedd yn ei wely yn sâl. Erbyn hyn ro'dd e'n wythdeg oed. Fe alla i gofio fod ganddo fe ddwy botel o dan y gwely, y naill ar gyfer ateb galwadau natur a'r llall i ateb problemau syched. Potel o *Famous Grouse* o'dd honno, ei hoff wisgi. A dyna lle bydden ni'n yfed wisgi ac yn rhoi'r byd yn ei le.

Doedd yna fawr ddim yn gyffredin rhyngon ni. Ro'dd e'n gapelwr, ow'n i ddim. Ro'dd e'n eisteddfodwr, ow'n i ddim. Ro'dd e'n feistr ar eiriau, yn ddwfn ym myd llenyddiaeth a barddoniaeth ac yn enillydd Coron y Genedlaethol ddwywaith. Ro'wn i'n ei chael hi'n anodd i fachu dau air wrth ei gilydd. Ond er gwaetha'r gwahaniaethau, fe

Rhydwen Williams.

fydden ni'n dod ymlaen yn nêt gyda'n gilydd.

Unwaith y dydd fe fydde fe'n llusgo'i hunan mas o'r gwely draw at y prosesydd geiriau i ysgrifennu. Fe fydde gydag e lyfr nodiadau bach ac yn hwnnw y bydde fe'n ysgrifennu yn y gwely cyn cofnodi'r cyfan yn llawnach ar y prosesydd. Cyn iddo farw fe gwblhaodd gyfrol ar Richard Burton. Ro'dd e'n nabod Richard Burton a Liz Taylor yn dda. Yn gynnar yn ei fywyd fe fu'n gweithio i gwmni teledu *Granada* ac ef o'dd un o sgriptwyr cynharaf *Coronation Street*. Fe ddywedodd wrtha i unwaith mai ef fu'n gyfrifol am fedyddio'r gyfres. Yr enw a fwriadwyd o'dd *Florizel Street*, mae'n debyg.

Ro'dd Rhydwen yn athrylith, ond yn fwy na dim ro'dd e'n deall gwendidau dyn. Rwy'n cofio unwaith, a finne o dan dipyn o straen, yn ca'l cyngor ganddo fe. 'Wel, Roy bach, mewn bywyd, hyd yn oed yn y pulpud, ma'n rhaid i ti gofio gwendide pobol. Cymer di'r Deg Gorchymyn. Wel, rwy i'n hunan wedi ca'l trafferth gyda dau ohonyn nhw. Ond os gei di wyth mas o ddeg, ma' hynna'n ganlyniad da mewn unrhyw arholiad.'

Un o'r gorchwylion mwya anodd ges i erioed o'dd siarad yn ei angladd e yn yr Amlosgfa yn Llwydcoed. Mae'i lwch e wedi'i wasgaru dros yr hen dwmpyn 'na uwchben y Rhigos. Yn y Rhondda y cafodd e'i eni ac felly rwy'n mynd lan i godi glased o wisgi iddo fe a cha'l sgwrs fach ag e unwaith y flwyddyn, fel arfer ar adeg y Nadolig.

Diddorol, o feddwl fod Glofa'r Tŵr gerllaw, yw'r hanes mai ar Graig y Llyn y codwyd y Faner Goch gynta erioed ar y planed hwn, a hynny cyn bod Rwsia wedi meddwl erioed am y peth. Dyna, o leia, yr honiad. A dw i ddim yn credu mewn difetha stori dda gyda ffeithiau. Ac o'r top, lle mae'r fen hufen iâ, mae modd gweld lawr i Lyn Craig y Llyn, lle darganfuwyd pob math o greiriau o'r Oes Efydd ac sy nawr yn yr Amgueddfa Genedlaethol yng Nghaerdydd.

Fe ddatgelodd bachan wrtha i unwaith mewn tafarn yng Nglyn-nedd ffaith anhygoel am Graig y Llyn. 'Y twmpyn 'na lan fan'na uwchben y Rhigos a Threherbert yw'r man uchela yn yr hen Sir Forgannwg,' medde fe. 'A dim ond i ti sefyll lan fan'na a wynebu'r dwyrain, y pwynt uchela ddelet ti iddo fe ar y lledred yna yw mynyddoedd yr *Urals* yn Rwsia.'

Wn i ddim a yw hynna'n wir. Ond diawch, mae hi'n stori dda!

*   *   *

Un peth o fyw yn y Cymoedd yw ein bod ni i gyd yn fwngreliaid. Pwy a ŵyr o ble 'yn ni wedi dod? R'yn ni'n gymysg i gyd. Dyma'r Klondike cynta yn yr holl fyd, cyn bod un yn America. Pan ddechreuodd y chwyldro diwydiannol, fe gychwynnodd ym Mlaenafon ac ym Merthyr, ym Mryn-mawr ac yn Nant-y-glo a mannau tebyg. Fe ddaeth y bobol o bobman, o'r ardaloedd gwledig yng Nghymru, wrth gwrs, fel ddaeth teulu Mam o Bumsaint a Chaio dros y Mynydd Du i Frynaman i'r gwaith tun lle ro'dd Mam-gu yn rhedeg siop. Teulu Elaine wedyn yn dod o Wlad yr Haf.

A dyna un o'r pethe sy'n gwneud i fi deimlo'n gynnes tuag at y Cymoedd, y ffaith ein bod ni'n fwngreliaid. Mae gen i lawer i'w ddweud wrth fwngreliaid. Ma' nhw'n ffyddlon ac yn deidi rownd y tŷ. Yn y pen draw, pwy a ŵyr o ble ma' rhywun yn dod? Mae hi'n medru bod yn beryglus wrth edrych yn rhy fanwl i mewn i gefndir rhywun. Meddyliwch am deulu'r Nobles, er enghraifft. Fe ddaethon nhw draw gyda William Goncwerwr ym 1066. Ro'dd yna ddau fath o Nobles, y marchogion ar eu ceffylau a'u picelli yn eu dwylo. Wedyn ro'dd y Nobles eraill o'dd yn gofalu am y ceffylau a glanhau lan ar eu hôl nhw. Dyna fy nghefndir i, falle.

Yr hyn sy'n lliwgar am y Cymoedd yw fod y bobol wedi dod o bobman, o Iwerddon, o Sbaen, o Loeger, o bobman. A phawb wedi dod â rhywbeth arbennig gyda nhw a phawb yn cymysgu gan ychwanegu rhywbeth at y gymdeithas.

*   *   *

Tybed ai rhai fel hyn o'dd y Nobles
dda'th draw yn 1066?

Ers tro bellach rwy wedi bod yn gwneud fy mywoliaeth ym myd y cyfryngau. Fe ddechreuodd y cyfan pan o'wn i 'nôl yn y Brifysgol yn gwneud gradd. Dyna pryd welais i'r hysbyseb oedd yn chwilio am gyflwynydd i *Radio Wales*. Do'dd e ddim yn glir beth o'n nhw'n mo'yn ac fe feddylies i, o, yr un hen stori, rhywun yng Nghymru yn nabod rhywun sy'n perthyn i rywun. Fel'na mae hi yng Nghymru.

Frank Hennessy a fi'n darlledu yn y glaw.

Beth wnes i o'dd danfon nodyn atyn nhw bob dydd ar bapur plaen gyda dim ond dau air arno fe, Roy Noble. A fe barhaodd hyn am tua mis. Yna dyma fi'n dechre danfon ambell i lun o fois golygus, hardd wedi'u torri allan o'r cylchgronau gan esgus mai fi oedden nhw, a dweud 'Dyma fi yn Acapulco, dyma fi ym Mharti Gardd y Frenhines.' Ac wedyn dyma ddechre defnyddio geiriau allan o *Roget's Thesaurus* i ddisgrifio'r bachan hwn o Aberdâr o'n nhw'n colli mas arno fe.

Yn y pen draw fe alwon nhw fi lawr am sgwrs fach. Ond do'dd dim swydd yn mynd erbyn hyn. Ond oherwydd fy mod i wedi dangos cymaint o ddiddordeb fe ges i gynnig mynd yno i weld sut o'dd rhaglenni'n ca'l eu rhoi wrth ei gilydd a'u darlledu. Ac yna, ymhen ychydig amser, fe gynigion nhw rywbeth bach i fi, *A Letter from Aberdare,* eitemau ar bwnc o'm dewis i fy hunan. Ma'r sgriptiau gen i o hyd. Ac os o'dd yna rywbeth anghyffyrddus o'wn i am ei ddweud, ro'dd modd gwneud hynny. Ddim fel petawn i yn ei ddweud e ond fel petai e'n dod allan o enau y bobol o'wn i wedi eu creu drwy'r llythyron wythnosol hyn.

Ro'dd un ohonyn nhw yn ca'l ei enwi yn Conshi Davies, bachan o'dd ddim wedi bod yn y Rhyfel am ei fod e'n wrthwynebydd cydwybodol. Erbyn hyn ro'dd ganddo fe *pacemaker.* Ac wedyn dyna i chi Cecil, neu Cec o *Cemetery Road.* Hwn o'dd yn ca'l y rhyddid i ddweud y pethe mwya dychrynllyd.

Fan yna y dechreuodd pethe. Ond ro'wn i'n teimlo fy mod i yno heb fod yn haeddu bod yno. A phetai rhywun o'r adran ddiogelwch wedi digwydd dweud wrtha i nad o'dd gen i hawl i fod yno, yna fe fyddwn i wedi troi a mynd adre. Ro'wn i'n teimlo'n lwcus ca'l bod yno.

Yr un peth pan wnes i droi at deledu. Ond fyddwn i byth yn gweithio'n swyddogol drwy gyfrwng y Gymraeg. Ro'wn i'n teimlo'n ansicr yn yr iaith. Do, fe ddysgais i ddarllen drwy gyfrwng y Gymraeg. Dyna o'dd cyfrwng iaith Ysgol y Babanod ym Mrynaman. Ond ro'dd yr ysgol gynradd a'r ysgol ramadeg yn dysgu drwy gyfrwng y Saesneg.

Rwy'n gwerthfawrogi'r cyfle ges i gyda Caryl Parry Jones a Dewi Pws i ga'l cymryd rhan fel actor yn *Hapus Dyrfa* am dair cyfres. Fe wnes i fwynhau'r profiad. O'wn i'n eitha nerfus yn y gyfres gynta ond fe wnaethon nhw fi i deimlo'n gyffyrddus.

I fod yn onest, fe ddaeth y siawns am eu bod nhw'n whilo am wyneb o'dd ddim ar *Pobol y Cwm.* Beth bynnag, ro'dd hi'n gret ca'l gweithio gyda nhw.

Joio gyda Caryl Parry
Jones (uchod), a'r goeden
leylandii (dde), wrth
ffilmio *Hapus Dyrfa*.

Ond doeddwn i byth wedi bod yn gryf yn y Gymraeg. Ddim yn gapelwr. Ddim yn eisteddfodwr. Bachan yr ochor arall i'r tracs o'wn i o ran y diwylliant Cymraeg. O'wn i ddim yn siwr o'm safon. Felly, pan ges i gynnig gwaith yn y Gymraeg fe wnes i wrthod am sbel. A phan gychwynnais i ar *Heno* ro'wn i'n gwbwl ansicr. Bryd hynny fe fyddwn i'n defnyddio *autocues* gan siarad geiriau na fyddwn i byth yn eu defnyddio ar y stryd ym Mrynaman. Fe ddechreuais i golli cwsg wrth fecso am hyn. A ro'dd rhai pobol yn sgrifennu pethe cas, creulon a phersonol mewn gwahanol gylchgronau am y safon ac yn y blaen. Ac fe feddyliais i mai man a man o'dd i fi gwpla. Ro'wn i'n teimlo nad o'dd rhaid i fi wneud hyn. Ro'wn i'n teimlo nad o'dd raid i fi wthio fy ngwddw allan fel hyn ddim ond i ga'l fy mhen wedi'i dorri bant. Fe alla i weithio'n gyffyrddus drwy'r Saesneg. Ond fe gefais i bob cefnogaeth gan Gwmni Agenda a'u neges nhw o'dd, na, rho gynnig arall arni. A rho gynnig arni heb yr *autocue* yn yr iaith rwyt ti'n gyfarwydd â hi, iaith y stryd ym Mrynaman. A dyna beth dw i wedi ceisio'i wneud.

Gweithio yn Gymraeg ar *Heno*, o Sioe Llanelwedd, gydag Alison Huw Jones.

Y broblem yw fod yna gwyno o hyd am y safon gan ddweud y dylwn i ddefnyddio'r geiriau iawn. Ac mae'n siwr y dylwn i. Ond, yr hyn sy ambell waith yn fy mecso i yw fod yna bobol yn dod mewn sy'n debyg i fi, miloedd ohonyn nhw o'r Cymoedd, o Gwm Gwendraeth, o Gwm Aman, o Gwm Tawe, pobol sy'n ansicr o'u Cymraeg fel iaith swyddogol. Ma' nhw'n fodlon siarad yr iaith, dyna'u hiaith gynta nhw. Ond pan ddôn nhw i mewn i ga'l sgwrs ar y teledu, mae hi'n fater arall. Wn i ddim faint sy wedi gofyn i fi, 'Hei, o's modd ca'l y sgwrs yma yn Saesneg? Dyw 'Nghymrag i ddim digon da, t'weld. Dw i ddim am ddangos 'yn hunan lan.'

All hynna ddim bod yn iawn pan ma' pobol yn teimlo eu bod nhw yn yr ail a'r trydydd dosbarth o ran eu safon fel Cymry. Ma' hynna yn fy mecso i dipyn bach. Dw i ddim yn gweiddi'r peth yn uchel. Ond mae e'n croesi fy meddwl i ambell waith. R'yn ni'n gwbod ein lle gan fod y neges yna'n dod lawr yn amal iawn o blith y sefydliad yng Nghymru.

*   *   *

Wrth edrych yn ôl dros y blynyddoedd, fedra i ddim dweud fy mod i'n flin am ddim byd. Rwy wedi bod mor lwcus yn fy mywyd personol ac yn fy mywyd proffesiynol hefyd. Rwy'n siwr fod yna angel gwarcheidiol yn dishgwl ar fy ôl i. Ond na, ma' 'na un peth sy'n fy ngwneud i'n flin. Fe hoffwn i fod Nhad a Mam wedi ca'l byw'n ddigon hir i weld beth sydd wedi digwydd achos ma' tipyn o falchder y tu mewn i fi nawr. Fe hoffwn i petaen nhw wedi ca'l byw i 'ngweld i'n ennill Gwobr Sony ddwy flynedd yn ôl am fy ngwaith radio, a hefyd ennill Gwobr RTS, y *Royal Television Society*, fel y cyflwynydd teledu rhanbarthol gorau mewn derbyniad yn Llunden. Rwy'n mynd lawr i'r amlosgfa'n aml iawn. Fe fydda i'n mynd lawr ar achlysur pen-blwydd Nhad neu Mam, ac ar adeg y Nadolig, wrth gwrs, ac ar adeg y Pasg a Sul y Blodau. Ac mae hyn wastod yn croesi fy meddwl. Mae'n drueni. Ond dyna fe, chawn ni ddim

97

popeth mewn bywyd. Ma' rhai wedi ca'l bywyd llawer iawn gwaeth na fi.

Am fy ngobeithion, yr unig beth dw i am fod yn y pen draw yw tad-cu hapus ac iachus. Ond ddim eto. Mae Richard yn dal yn ddigon ifanc. Dw i ddim am roi hwb ymla'n iddo fe. Ond fe fydde ca'l bod yn dad-cu hapus ac iachus yn y dyfodol yn golygu y bydde popeth arall yn ei le. Ac fe fydde fy meddwl i'n fodlon ac yn gyffyrddus.

Pobol fach 'yn ni fel Cymry. Y trowseri cynta i werthu mas yn *Marks and Spensers* yw dauddeg-naw-a-hanner *inside leg*. Ond os 'yn ni'n fyr, r'yn ni'n gadarn ac yn fodlon. Weithiau, wrth gwrs, fe fydda i'n edrych yn y drych ac yn meddwl, 'Dyna biti nad ydw i'n chwe troedfedd o daldra ac wedi fy adeiladu fel rhyw dduw o Sparta ac wedi ennill dau gap dros Gymru.' Ma'n rhaid ennill dau gap. Wedi'r cyfan, pwy sy am fod yn rhyw ryfeddod-un-cap?

Rwy'n ca'l pleser mawr wrth annerch mewn ciniawau rygbi nawr ac yn y man. Ond, fel arfer, ma' 'na siaradwr arall, un â phrofiad ar y maes. A'r hyn sy'n rhyfedd yw eu bod nhw, wrth chwarae, yn rhyw fath o feirdd. Ond oddi ar y maes ma' nhw'n bobol wahanol. Ar y maes neu oddi arno, ma' nhw'n ca'l eu trin fel duwiau. A fe hoffwn i fod wedi chware ar y lefel ucha.

Ond dyfarnwr o'wn i, a dyfarnwr digon cyffredin. Y broblem, fel ydw i wedi dweud droeon, o'dd 'y nghefen i. Mae'r hen streipen felen yna yn dal i redeg lawr 'y nghefen i. Fe fyddwn i'n becso gormod am y penderfyniadau. Fe fyddwn i hyd yn oed yn dihuno yn y nos wrth feddwl am y penderfyniadau anghywir o'wn i wedi eu gwneud. Yn anffodus doedd gen i ddim o'r ddawn na'r cymeriad i fod yn Derek Bevan neu Clive Norling.

Fe fydda i'n gwneud tipyn o waith dros wahanol elusennau. Falle y bydde fe'n beth doeth petawn i'n canolbwyntio ar un elusen. Ond rwy'n cefnogi rhyw chwech neu saith. Ac ma' 'na nifer arall lle bydda i'n fodlon mynd i siarad am ddim ar eu rhan. Ma' 'na gymaint o bethe da yn digwydd allan fan'na. A rwy'n teimlo ei fod e'n ddyletswydd ar rywun i roi help llaw

Cyflwyno gwobrau ar ran Cyngor Ieuenctid Cymru.

iddyn nhw. Yn enwedig rhywun fel fi sydd mewn sefyllfa freintiedig. Mae'n ddyletswydd arnon ni i roi rhywbeth 'nôl i gymdeithas a fe fydda i'n gwneud fy ngorau yn hynny o beth fel rhyw fath o ddiolchgarwch.

Fe fydda i'n chwifio baner Cymru bob tro fedra i. Ond dw i ddim yn cyfrif fy hun yn un o'r Taffia. Ma' ganddoch chi'r Taffia sy'n gweithio yn y maes gwleidyddol lawr yn y Bae. Mae ganddoch chi wedyn y Taffia sy'n rhan o'r sefydliad Cymreig. Fe fydde'n ddiddorol ysgrifennu traethawd arnyn nhw. Petaen nhw'n cael eu gosod ar fap fe wnaech chi weld fod y llinellau i gyd yn cysylltu. Mae'r Taffia i gyd yn perthyn i'w gilydd mewn gwahanol ffyrdd.

Pan fydda i'n annerch mewn gwahanol gyfarfodydd fe fydda i'n edrych o gwmpas. Ac yn aml iawn fe fydda i'n gweld yr un wynebau dro ar ôl tro. Ma'r bobol hyn yn aelodau o bopeth. Ac yn y digwyddiadau *vol-au-vents* a sherry hyn ma'r hyn sy'n ca'l ei alw yn Saesneg yn *scan-checking* yn digwydd. Ma' nhw'n ysgwyd llaw â chi ond yn edrych dros eich ysgwydd chi i weld a oes yna rywun mwy diddorol i'w weld y tu ôl i chi. Ac os oes e, ma' nhw'n eich anwybyddu chi a symud ymlaen at rywun pwysicach. Un peth rwy'n ddiolchgar amdano yw fy mod i'n credu 'mod i'n gwbod o ble dw i wedi dod a ble ydw i nawr. Er i fi ga'l fy nghodi ym Mrynaman rwy wedi byw yn y Cymoedd ers blynyddoedd maith bellach. Yn Aberdâr rwy wedi byw ers tro ac mae gen i gysylltiad agos â'r bobol, yn arbennig rheiny sy'n perthyn i'r clwb rygbi lleol a gwahanol fudiadau lleol er'ill. Rwy i yn eu nabod nhw ac ma' nhw yn fy nabod i. Rwy'n cofio un ohonyn nhw'n arbennig, yn y cyfnod pan o'wn i'n dechre ym myd y cyfryngau. Os na fyddwn i wedi ca'l hwyl ar raglen arbennig, fe fydde fe'n dweud wrtha i'n blaen. Ro'dd hynny yn cadw 'nhraed i ar y ddaear.

*   *   *

Cyflawni her ar rhaglen *Traed Oer;* roedd rhaid i fi wneud 'synchronized swimming'. Bues i bron â boddi, ac fe ges i benned o annwyd!

Rwy'n golygu cadw i fynd gyhyd ag y galla i. Ond fe gawn ni weld. Mae ffasiwn yn newid. Fe allwn i golli fy lle fory nesa ac ildio i rywun newydd. Os hynny, fe fydda i'n dal i fod yn ddiolchgar dros ben am yr hyn dw i wedi'i ga'l, am yr holl gyfle wnaeth ddod i'm rhan i ac am yr anrhydedd o ga'l gwneud gwaith sydd wrth fy modd i. Mae bywyd wedi bod yn fraint ymhob ffordd.

Ar lefel bersonol, mae Elaine, y wraig, wedi bod mor gefnogol. Rwy wedi bod yn byw fel llongwr ar y môr, ac Elaine ddim yn gwbod yn iawn ble ydw i hanner yr amser. Rwy'n gorfod taflu fy nghap mewn gynta er mwyn gweld sut groeso rwy'n debyg o ga'l. Ond mae hi wedi bod yn neilltuol o dda.

Elaine a fi'n dathlu 25 mlynedd o fywyd priodasol.

Rhaid cofio fod y cyfan wedi bod yn dipyn o gam i ni ei gymryd. Ar ôl dros ugen mlynedd yn y byd addysg a darlledu'n rhan amser, bywyd cwbwl saff, dyma droi'n llawn-amser. A

Dysgu gyrru bỳs.

hynny yn erbyn cyngor sawl cynhyrchydd i fi beido, am ei fod e'n fywyd ansicr. Ond fe gymerais i'r siawns a dw i ddim wedi difaru.

Rwy wedi dod i'r adeg honno mewn bywyd nawr pan mai dim ond un adduned blwyddyn newydd fydda i'n wneud. Yn 1999 fe wnes i benderfynu dysgu gyrru bỳs. Ro'dd hyn wedi bod yn uchelgais ar hyd y blynyddoedd. Fe wnes i fynd un cam yn ormod, wrth gwrs, drwy brynu bỳs ar ôl paso'r prawf. Yn anffodus, fe wnes i brynu bỳs yn hytrach na *coach*. Petawn i wedi prynu cerbyd digon safonol fe fedrwn i ei fenthyca fe i wahanol elusennau at eu defnydd nhw ambell i ddydd Sadwrn yn hollol am ddim.

Yn y flwyddyn 2000 fe wnes i addunedu i ddysgu dawnsio'r *Argentinian Tango*. Mae hon yn ddawns gorfforol iawn a fe wnes i fethu gan orfod bodloni ar y *waltz*, y *quick-step* a'r *salsa* a *rock & roll*. Yn yr *Argentinian Tango* ro'dd y fenyw o'dd yn fy

102

nysgu i yn fenyw chwe silindr. Pan fydde hi'n taflu ei choes o gwmpas fy nghluniau i, o'dd hi'n stopo'r gwaed rhag mynd lawr i 'mhigyrnau i. A fe fydde hynny'n achosi pinnau bach yn fy nhraed i. Gyda llaw, fe wnes i ddawnsio gyda Catherine Zeta Jones unwaith ar y rhaglen deledu *See You Sunday*. O'dd hynny cyn iddi ddod yn enwog.

Yr adduned ar gyfer eleni yw ailganfod rhai o'r ffrindiau dw i ddim wedi eu gweld ers tro. Ailsefydlu hen gyfeillgarwch. Ac mae gen i ryw deimlad hefyd y gallwn i fod yn ganwr *country and western*. Ond rhyw anelu at y sêr yw hynny. Ond dyna fe, fel y bydda i'n dweud mor aml, o saethu at y sêr mae hi'n bosib cyrraedd y lleuad. Ac mae honno'n disgleirio ambell waith!

Diwedd